18.7.2011

Viel Spaß!

CONTE verlag

MARCUS IMBSWEILER

KABINETT DER GRAZIEN

KOMPONISTENERZÄHLUNGEN

C O N T E

Bibliografische Information der Deutschen Nationalbibliothek
Die Deutsche Nationalbibliothek verzeichnet diese Publikation in der Deutschen Nationalbibliografie; detaillierte bibliografische Daten sind im Internet über http://dnb.d-nb.de abrufbar.

ISBN 978-3-95602-211-1

Am Rech 14, 66386 St. Ingbert
Tel: (06894) 1664163 · Fax: (06894) 1664164
E-Mail: info@conte-verlag.de
Verlagsinformationen im Internet unter www.conte-verlag.de

Umschlag und Satz: Markus Dawo
Druck und Bindung: Faber, Mandelbachtal

BLUTENDE WÄNDE

Aus den Mündern der Engel werden Flammen schlagen, und sie werden die Erde in Brand setzen mit allem, was darauf ist. Eine tiefe Stille wird herrschen, wenn das Feuer kommt, mitten in der Nacht, da ein jeder schläft, der Gerechte wie sein Verfolger. Dann werden die Engel ihre Lippen öffnen, und es wird sich ein Brausen erheben gleich einem Gesang in der Dunkelheit. Über die Schlafenden wird ein Glühen kommen, dass sie aufspringen von ihrem Lager und nicht wissen, ob sie träumen oder wachen. So hell werden die Stimmen der Engel sein, so gleißend ihr Gesang, dass jeder, der hinschaut, geblendet werden muss. Und wer wird nicht hinschauen wollen, wenn die Engel selbst zur Erde fahren, um die Gläubigen zu entzünden? Wer will nicht Zeuge sein der schönsten, bittersten Musik, die Menschen je erdacht haben? Die Sterne werden sich beschämt zurückziehen, die Planetenscheiben in ihrem Lauf innehalten. Selbst die Sonne wird der Stunde gewahr werden und beschließen, in ihrem Versteck auf der anderen Seite der Erde zu warten, bis die Engel ausgesungen haben. Und sollte es ein Jahrtausend dauern.

Wir aber, wir Zuhörer, wir vergehen im Klang des Zorns. Wir versengen uns an den Stimmen der Engel, an der wütenden Schönheit ihres Gesangs. Wir lodern. Lauschen. Schlafen wieder ein.

Diesmal für immer.

* * *

Was tust du also?

Was tust du, wenn du eine einsame Gestalt am Straßenrand siehst? Dort an der Raststättenausfahrt, vor der Brust ein Schild mit vier Buchstaben: A-L-B-I, das Gesicht müde, die Haare vom Wind hin- und her geworfen.

Du hältst natürlich an und nimmst sie mit.

Hast ja gar nicht gerechnet mit einem Tramper. Kaum zu glauben, dass das heutzutage noch jemand auf sich nimmt, dieses altmodische, aus der Zeit gefallene Geschäft. Ein Tramper – das berührt dich. Du erinnerst dich an Früher, an das Warten, manchmal stundenlang, auf dem Seitenstreifen, an einer Autobahnauffahrt, du erinnerst dich an den Lärm, den Gestank, an kurze Blickkontakte, das Kopfschütteln, das Feixen, an das Beschleunigen, um nur schnell aus deinem Sichtfeld zu entkommen, und dann, endlich, an das Blinken, Abbremsen, Türöffnen, die Frage: wohin?

Albi. Meine Güte, das ist doch tief im Süden. 1000 Kilometer, mindestens.

Ja, die alten Zeiten kommen dir wieder in den Sinn, wenn du das Schild siehst, den gereckten Daumen und darüber, in den Augen, diesen dünnen, kaum wahrnehmbaren Schleier von Hoffnung. Du fährst rechts ran, bringst deinen VW-Bus zum Stehen, freust dich schon auf das gönnerhafte Nicken, mit dem du den Tramper hereinbitten wirst. Eine Kleinigkeit für dich, für ihn eine Geste der Größe.

Dabei schadet es nicht, dass der Tramper eine junge Frau ist.

Ob ich auch bei einem Kerl gehalten hätte? Eher nein. Zumindest hätte ich es mir gut überlegt. In ihrem Fall gab es kein Zögern, kein Abwägen. Ich sah diese Person in einiger Entfernung am Straßenrand, ich sah, wie ihre Locken im Wind flatterten – schon ging unten mein Fuß vom Gaspedal. Ein Reflex, schneller als der Verstand. Hintennach kam doch kurz Verunsicherung auf, weil sie so ein androgyner Typ war mit ihren schmalen Hüften und kaum Brust. Aber da hatte mein Fuß längst für mich entschieden.

Ich rollte an ihr vorbei und hielt an. Im Seitenspiegel sah ich, wie sie die letzten Meter im Laufschritt zurücklegte. Die Tür wurde geöffnet, eine Frage in den Innenraum des Wagens geworfen: »Süden?« Nur dieses eine Wort: Süden. Ich zuckte mit den Achseln, nickte – sie nickte ebenfalls, warf das Pappschild auf den Beifahrersitz, verstaute ihren Rucksack im Fußraum, stieg ein und schloss die Tür. Bei all dem sah ich ihr zu, schweigend. Nachdem sie sich angeschnallt hatte, fuhr ich los. Erster Gang, zweiter Gang, auf den Beschleunigungsstreifen, Blinker setzen, einfädeln. Schon war ich wieder auf der Autobahn, ließ mich im gleichen Strom treiben wie zuvor. Bloß dass ich jetzt nicht mehr allein war, sondern Begleitung hatte auf meinem Weg ans Meer.

Ich wartete.

Aber sie saß einfach da, starrte vor sich hin und sprach kein Wort.

Du denkst: mal sehen. Könnte interessant werden. So oder so, Stockfisch oder Prinzessin. Ja, überlegst du, es könnte interessant werden mit ihr. Sollte sie wirklich nach Albi wollen, liegt noch viel gemeinsame Zeit vor euch. Jede Menge Gelegenheiten, miteinander ins Gespräch zu kommen. Also nichts überstürzen. Du schaust ebenfalls nach vorne und schweigst. Nimmst Witterung auf: wie anders es plötzlich riecht im Innenraum des Wagens, wie sie sich bewegt, welche feinen Geräusche sie dabei macht. Du registrierst, dass sie Jeans trägt, eine Bluse, darunter ein Top, Ringe an den Fingern. Ihre Hände liegen auf den Oberschenkeln, als hätten sie ihren Platz noch nicht gefunden. So kommt es dir jedenfalls vor. Es könnte sein, dass sie doch ein wenig nervös ist, dass sie sich fragt, ob es die richtige Entscheidung war, zu einem Mann, einem deutlich älteren Mann, ins Auto zu steigen. Aber so ist das nun mal beim Trampen, sagst du dir, sagst du ihr, man weiß nie, was kommt. Wer kommt. Geht ja beiden Seiten so.

Die Landschaft zieht an euch vorbei.

Du genießt die Stille. Die Stille der Erwartung.

»Ja, also … ich bin der Lutz.«

»Hm?«

»Lutz heiße ich.«

»Julie.«

»Hab ich das richtig gesehen, nach Albi willst du?«

Nicken.

»Ist nicht gerade um die Ecke.«

»Ich hab keine Eile. Wohin fahren Sie?«

»Ans Meer. Irgendwo … weiß noch nicht. Wo's mir gefällt.«

»Mittelmeer oder Atlantik?«

»Egal. Eher Mittelmeer. Sollte halt nicht so voll sein.«

Nicken.

»Was gibt es in Albi? Schöne Stadt?«

»Glaub schon.«

»Da war doch was mit einem Maler … Van Gogh?«

»Toulouse-Lautrec.«

»Ach, der.«

Stille. Lange Stille. Endlich ein Räuspern.

»Danke für's Mitnehmen.«

»Keine Ursache. Besser als alleine durch die Welt zu kurven.«

»Sie nehmen mich einfach mit, solange es Ihnen passt. Und wenn es nicht mehr passt, schmeißen Sie mich raus, ja? Jederzeit.«

»Kriegen wir schon hin. Wir können uns duzen, oder? Ich bin der Lutz.«

»Julie.«

Julie … Sie überrascht dich mit ihrer weichen Stimme und den kurzen, harten Sätzen. Schmeiß mich raus, jederzeit. Wie es Ihnen passt. Du fragst dich, ob sie überhaupt nach Albi will. Ob sie ein konkretes Ziel hat. Oder strebt sie von etwas weg? Ist sie auf der Flucht? Wenigstens scheint sie nicht unter Termindruck zu stehen. Dann geht es ihr wie dir, freust du dich, du hast ja auch nichts vor, kein Treffen, keine Verabredung. Nur Meer vor Augen, aber selbst das ist nicht in Stein gemeißelt. Du hast dieses Ziel, diese Vokabel gewählt, um deiner Fahrt überhaupt eine Richtung zu geben. Damit du auf der Autobahn nicht ständig überlegen musst, ob die Abzweigung nach Lyon die richtige ist oder die nach Paris. Vielleicht geht es Julie mit Albi ähnlich. Vielleicht hat sie dieses Wort weniger für sich auf das Pappschild geschrieben als für ihre Fahrer. Als Entscheidungshilfe, die Tramperin mitzunehmen oder eben nicht. Dann wäre sie also frei. Könnte mit dir ans Meer fahren oder ganz woanders hin. Das Land liegt euch offen.

Dieser Gedanke gefällt dir. Er gefällt dir sogar sehr.

»Woher kommst du?«

»Basel. Ich studiere da.«

»Ein Neffe von mir arbeitet in Basel. Wohnt aber auf deutscher Seite, wegen der Preise.«

»Machen viele.«

»Bist du Schweizerin? Französin?«

»Mein Vater ist Franzose, meine Mutter Deutsche.«
»Deshalb.«
»Was?«
»Deshalb dein gutes Deutsch.«
»Ja.«

Die nächste Denksportaufgabe für dich. Eine Halbfranzösin, die in der Schweiz studiert und Richtung Süden trampt. Vielleicht leben ihre Eltern in Albi, überlegst du, korrigierst dich aber sofort: dann hätte sie das erwähnt. Dann hätte sie nicht so ausdrücklich betont, alle Zeit der Welt zu haben. Gut, du wirst es herausfinden. Es macht dir Spaß, die Person neben dir zu erkunden, Stück für Stück, niemand drängt euch. Alle paar Kilometer eine neues Puzzleteil, so stellst du dir das vor. Albi ist weit.

Und sonst? Welche Signale hast du noch von nebenan empfangen? Was sagt dir dein Jagdinstinkt, was berichten deine Kundschafter: Augen, Nase, Ohren? Nun … du bist unentschlossen. Dein Unterbewusstsein erbittet Bedenkzeit. Bei dieser Frau könnte es sich um deine Tochter handeln. Sie ist offen und verschlossen zugleich. Sie verströmt etwas Dunkles, du wunderst dich selbst über diese Formulierung, aber es stimmt, eine Düsternis geht von ihr aus, obwohl sie brünett ist, obwohl sie helle Augen hat, du kontrollierst es mit einem verstohlenen Seitenblick, nur ihre Brauen setzen einen dunklen Akzent. Sie allein.

Abwarten, sagst du dir, abwarten.

Ja, wenn du jung wärst, ungeduldig, immer auf dem Sprung. Stattdessen bist du erwachsen, erfahren, viel erwartest du nicht mehr vom Leben. Du hast gelernt, lange Strecken hinter dich zu bringen. Und zu verzichten.

Das hat diese Frau auf dem Beifahrersitz noch vor sich.

»Und was studierst du?«
»Bitte?«
»Was du studierst.«
»Musik.«
»Musik? Das ist ja mal was. Toll.«
»Findest du?«
»Klar.«
»Weiß nicht.«

Als wir uns dem Rhônetal näherten, wurde der Verkehr dichter. Mehrfach stockte es, vor den Mautstellen kam es zu Staus. Urlauber, Einheimische, Frachtverkehr, alles wild durcheinander. Auf der linken Spur wurde gedrängelt. Ich sah mir die Hektik an und musste lachen. Wir beide, Julie und ich, hatten es nicht eilig. Wir hatten Zeit.

Meine Mitfahrerin sprach nicht viel. Fast immer war ich es, der den Dialog in Gang brachte. Dabei wirkte sie nicht abweisend, das nicht, aber distanziert. Kühl und zurückgenommen. Sie erinnerte mich an jemanden, an den ich ungern erinnert wurde. Nicht weil ich diesen Jemand nicht gemocht hatte, ganz im Gegenteil, sondern weil das Mögen in Abneigung umgeschlagen war und am Ende in Hass. Ich arbeitete gegen diese negativen Gedanken an, sagte mir, dass Julie bestimmt ganz anders war und dass man sich davor hüten sollte, Eigenschaften des einen Menschen auf einen anderen zu übertragen.

»Doch, wenn einer Musik macht … find ich klasse. Das sind so die Sachen, die unsereins … Da muss einem der liebe Gott Talent mitgeben. Viel Talent.«

»Ja, vielleicht.«

»Meinst du nicht?«

»Um ehrlich zu sein, hab ich's gerade geschmissen. Wollte nicht mehr.«

»Zu stressig?«

»Irgendwie schon.«

»Und dein Instrument?«

»Gesang.«

»Du singst? Alle Achtung.«

Achselzucken.

»Eine Sängerin … Und was genau? Große Oper und so?«

»So ungefähr.«

»Wahnsinn. Einer echten Sängerin bin ich noch nicht begegnet. Nie.«

Das Lachen, mit dem sie meine letzte Bemerkung quittierte, klang nicht fröhlich. Eher im Gegenteil. Vielleicht hatte sie eine wichtige Prüfung vermasselt oder besaß nicht genug Talent, um das Studium durchzuziehen. Man hört ja überall, dass es kein Zuckerschlecken ist mit den vielen Asiaten, die auf den deutschen Markt drängen.

Wieder hingen wir unseren Gedanken nach. Die Stille wurde nur unterbrochen, wenn sich eines unserer Handys meldete. Ihres öfter als meines. Ich schaute dann kurz auf das Display, bloß der Vollständigkeit halber, um zu wissen, wer da störte – das war's. Ich beantworte eure Nachrichten nicht. Ich bin auf dem Weg in den Süden, Leute! Aber auch Julie nahm kein Telefonat an, nicht ein einziges. Eingehende Nachrichten wischte sie weg. Dann schaute sie wieder nach vorn.

»Du, Julie, ich bin schon eine ganze Weile unterwegs. So ewig werde ich nicht mehr hinterm Steuer sitzen.«

»Okay.«

»Wenn du nach Albi willst … also du kannst gern mit

mir fahren, die ganze Strecke, kein Problem. Nur brauche ich meine Pausen, verstehst du?«

»Klar.«

»Früher hätte ich das in einem Rutsch durchgezogen, auch in der Nacht, aber jetzt … So in zwei Stunden würde ich mir ein Plätzchen suchen.«

»Wo übernachtest du?«

»Mit meinem Bus kann ich mich überall hinstellen. Ich weiß nicht, wie du es geplant hast …«

»Ich hab ein Zelt.«

»Wie gesagt, ich nehme dich morgen gerne weiter mit Richtung Süden, wenn du magst. Wenn nicht, kann ich dich an einer Raststätte absetzen oder wo auch immer. Aber du hast ja Zeit, hast du gesagt.«

»Ich überleg's mir.«

Warst du zu direkt? Übergriffig? Du hast deine Worte doch mit Bedacht gewählt, hast ihr alle Türen offengelassen. In dieser Hinsicht kannst du dir nichts vorwerfen. Wenn sie Nein sagt, dann nicht wegen dir, sondern weil es andere Gründe gibt, Gründe, die du nicht kennen kannst. Dann hat sie es eben doch eiliger, als sie zugeben möchte, in Albi wartet jemand auf sie oder sie möchte die Nacht nicht im Zelt verbringen, abseits der Orte, neben dem VW-Bus eines Fremden. Es wäre schade, wenn sie dein Angebot nicht annimmt, aber du würdest es akzeptieren. Schließlich hast du gelernt, was Verzichten heißt.

»Lutz?«

»Ja?«

»Wohin genau fährst du eigentlich?«

»Keine Ahnung. Südfrankreich, erst mal. Dort suche ich mir dann was Feines.«

»Am Meer?«

»Ich kann dich auch nach Albi fahren. Hab ja nichts Dringendes vor. Vielleicht schaue ich mir dort diesen Toulouse-Lautrec an. Meer geht später immer noch.«

»Es wäre mir peinlich, wenn du nur wegen mir …«

»Braucht dir nicht peinlich zu sein. Wie gesagt, ich habe keinen konkreten Plan, da ist Albi genauso gut wie alle anderen Orte da unten.«

Stille.

»Okay.«

»Was, okay?«

»Ich schaffe es bei Tag eh nicht mehr bis Albi. Und in der Nacht trampen ist nicht so der Hit.«

»Das heißt?«

»Ich nehme dein Angebot an.«

Je weiter der Tag voranschritt, desto dichter wurde der Verkehr, ein ständiges Stop and go. Für 50 Kilometer brauchten wir länger als eine Stunde. Irgendwann schlug ich Julie vor, die nächste Ausfahrt zu nehmen und einen Platz für die Nacht zu suchen. Sie war einverstanden. Ich deutete mehr an, als konkret zu formulieren, dass sie gern bei mir im Bus schlafen konnte, falls sie ein festes Dach über dem Kopf brauchte. Ein Autodach. Falls. Es sei bloß ein Angebot. Sie warf einen kurzen Blick über die Schulter in den Rückraum des Wagens, den ich mir campinggerecht hatte ausbauen lassen, mit Spüle, kleinem Herd, ausklappbaren Sitzpolstern und allem Drum und Dran – und schüttelte den Kopf.

Kurz darauf setzte ich den Blinker und verließ die Autobahn.

In einem Gewerbegebiet tankte ich, Julie ging derweil im Supermarkt nebenan einkaufen. Als ich sie mit Baguette, Käse und Wein ins Freie treten sah, bedauerte ich es ein wenig, sie nicht begleitet zu haben. Allein die Vorstellung, man hätte uns für ein Paar halten können, wäre es wert gewesen. Suchend schaute sie sich nach mir um; ich winkte ihr zu, sie winkte zurück.

Eingehüllt in den Duft frischen Brotes, machten wir uns wieder auf den Weg. Wir kurvten eine Weile durch die Gegend, bis wir einen geeigneten Platz für die Nacht fanden: eine Wiese zwischen zwei Ortschaften, von Bäumen umgeben und so vor Blicken weitgehend geschützt. Während ich Stühle, Klapptisch und Geschirr auspackte, schlug sie ihr Zelt auf. Es entpuppte sich als ein unfassbar winziges Ding, eher ein Biwak, in den ihr Rucksack nur hineinpasste, wenn sie ihn als Kopfkissen benutzte. Ich war versucht, mein Angebot, im Bus zu übernachten, zu erneuern, unterließ es aber.

Wein und Käse, frisches Baguette, draußen schlafen, eine junge Frau … davon hast du geträumt, immer wieder geträumt. Vielleicht ist es ja ein Traum, ein Traum unter Sternenhimmel. Falls es einer ist: genieße ihn. Zögere das Aufwachen so lange wie möglich heraus. Achte auf die Zeichen ringsum: das Rascheln in den Bäumen, der leise Ton des Windes, das Bellen der Füchse. Französische Füchse bellen anders als deutsche. Ihre Sprache ist eine andere. Wie überhaupt die ganze Sprache dieses Abends eine andere ist.

Beim Essen hatte ich erstmals Gelegenheit, Julie in Ruhe zu betrachten. Sie wirkte in der Tat ziemlich jungenhaft, aber ihr Blick, ihre ganze Augenpartie war die einer Frau. Ihre Haut hatte eine olivgrüne Färbung oder eher einen Schimmer, wie ich ihn so noch nie bei einem Menschen bemerkt hatte. Vielleicht rührte daher die Aura von Düsternis, die

Julie umgab. Unterhalb ihres rechten Mundwinkels hatte sie eine Narbe, Ergebnis einer schlecht verheilten Wunde, sie war nämlich trotz ihrer Kürze recht wulstig und störte das Ebenmäßige ihres Gesichts. Im Auto war mir die Narbe nicht aufgefallen.

Unsere Unterhaltung verlief lebhafter als während der Fahrt, vor allem nachdem wir etwas Wein getrunken hatten. Am meisten erzählte ich, aber es war nicht so, dass sie nur zuhörte. Trotzdem blieb sie auf Abstand, lächelte sparsam und ließ sich wenig Persönliches entlocken. Ich erfuhr, dass sich ihre Eltern in Straßburg kennengelernt hatten, wo der Vater als Jurist und die Mutter als Übersetzerin gearbeitet hatte. Nach einigen Jahren im Elsass und später in Paris hatten sie sich getrennt, die Mutter war mit den Kindern zurück in ihre Heimat gegangen, während der Vater noch einmal geheiratet hatte, aber vor einem halben Jahr gestorben war. Bevor ich Beileid äußern konnte, winkte Julie schon ab; sie hätten kaum Kontakt gehabt, der Vater sei ihr im Grunde fremd gewesen.

Ich öffnete eine zweite Flasche Wein.

»Und was hast du jetzt vor, wenn das mit der Musik nichts war?«

»Beruflich?«

»Ja. Nur so aus Interesse gefragt.«

»Weiß nicht.«

»Keinen Plan?«

»Irgendwas … irgendwas mit Gerechtigkeit.«

»Gerechtigkeit? Das klingt …«

»Schon klar.«

»Also Jura oder so?«

»Möglich.«

»Wie dein Vater.«

»Kann auch was anderes sein. Ich weiß es wirklich nicht.«

Stille.

»Mit Musik hast du keine Zukunft gesehen?«

»Nee, nicht wirklich.«

»Hast du deshalb dein Studium geschmissen?«

Achselzucken.

»Du könntest mir was vorsingen. Irgendwas.«

»Lieber nicht.«

»Wäre lustig. Ich bin kein … also kein Experte, der rumnörgeln würde. Ich find's klasse, wenn Leute singen können.«

Stille.

»Ein Jahr Schulchor, das ist alles, was ich auf dem Gebiet … Im Stimmbruch haben sie mich rausgeschmissen. Sofort.«

Stille.

»Sorry, ich hätte auf dem Thema nicht so rumhacken sollen. Ist ja klar, dass das nicht dein Lieblingsthema ist.«

»Schon okay. Das Ding ist … Ich sehe vieles heute mit anderen Augen.«

»Was?«

»Die Musik. Ich hab das früher gern gemacht, ich hab gern gesungen.«

»Und jetzt nicht mehr?«

»Die Einstellung hat sich geändert. Die Wahrnehmung. Ich weiß jetzt, dass Musik … dass sie gefährlich ist.«

»Gefährlich?«

»Gefährlich sein kann. Böse. Eine Waffe.«

»Du meinst jetzt aber nicht so Sachen wie, dass man mit Singen Gläser zerspringen lassen kann?«

»Nein.«

»Aha.«

Stille.

»Weißt du, das kann man nicht erklären. Man muss es erfahren. Du kannst mit Musik verletzen. Wunden zufügen. Du kannst Menschen töten. Deshalb mache ich das nicht mehr. Ich komme von der Vorstellung nicht weg. Deshalb lasse ich das jetzt mit dem Singen.«

Du starrst sie an. Du bist fasziniert, auf erregende Weise fasziniert. Ja, es ist Erregung, was da in dir aufsteigt. Besser, du senkst den Blick, damit sie es nicht merkt. Das ist also der Grund für ihre Düsternis: die Erkenntnis, dass der Mensch böse ist. Dass tief in uns drin ein Teufel steckt, in jedem von uns. Und das ist ihr jetzt erst klar geworden, als junge Erwachsene? Wie behütet muss ihr Leben bis zu diesem Zeitpunkt gewesen sein!

Schade, dass ihr euch nicht früher getroffen habt. Du hättest ihr etwas über das Böse im Menschen erzählen können. Mit Beispielen, vielen Beispielen.

Wie sie allerdings durch Musik zu dieser Einsicht gekommen sein soll, will dir nicht in den Kopf. Ausgerechnet Musik! Was hat die mit dem Teufel zu tun? Wo man singt – du weißt schon. Es muss ein bestimmtes Erlebnis gewesen sein, das ihr die Augen geöffnet hat, Streit mit einem Musikerkollegen, Verrat, enttäuschte Liebe, etwas in der Art.

Was es auch immer war: Du weißt jetzt, dass Julies Kühle gespielt ist. Dass ihre Fassade Risse hat. Längst ist das Gift der Erkenntnis eingedrungen, in der Dunkelheit zucken Blitze der Verzweiflung. Die Welt ist nicht perfekt, Julie, also gibt es auch für uns keinen Grund, perfekt zu sein. Moral ist das Butterbrot, mit dem wir über den Tag kommen; die Nacht schaffen wir auch ohne. Solche Gedanken schießen dir durch den Kopf – nein, durch den Körper, beleben dich, knistern, sprühen Funken.

Und da … schau genau hin … schau sie dir an … in diesem Moment!

Julie war aufgestanden. Ich hatte eine meiner beiden Campinglaternen oben an der Schiebetür des VW befestigt; die andere diente uns als Tischlampe. Und nun hatte sich Julie so hingestellt, dass sich ihr Kopf direkt vor der Laterne befand. Ihr Gesicht lag vollständig im Dunkeln, ich konnte nur vermuten, dass sie mich anblickte. Um ihren Kopf aber bildete sich ein glühender Lichtrand, ein Kreis aus Licht. Mit jeder Bewegung züngelte es durch ihre Locken, es war, als ob ein Feuer in ihrem Rücken brannte.

Das Gesicht jedoch blieb schwarz und undurchdringlich, da konnte ich die Augen zusammenkneifen, so viel ich wollte.

»Ich leg mich dann mal hin.«
»Schon?«
»War ein langer Tag für mich.«
»Okay. Schlaf gut.«
»Gute Nacht.«

* * *

Als ich am nächsten Morgen aufstand, war sie weg. Ich öffnete die Schiebetür des Busses, kletterte fröstelnd ins Freie und sah mich um. Da war nichts mehr, kein Zelt, keine Julie, nichts. Lediglich ein Rechteck mit niedergedrücktem Gras zeigte an, dass hier jemand übernachtet hatte.

Ich ging ein paar Schritte zur Seite, um zu pinkeln. Es war erst kurz nach acht. Im Zelt schlief man ja selten lange, gut möglich also, dass sie schon um sechs von der Sonne geweckt worden war. Trotzdem. Warum hatte sie es plötzlich so eilig? Sie brauchte schon verdammt viel Glück beim Trampen, wenn sie vor mir in Albi sein wollte.

Ich machte mir einen Kaffee. In der Ferne tuckerte ein Traktor, sonst war alles still. Auf dem leeren Stuhl mir gegenüber glitzerte Tau. Der Kaffee schmeckte nicht. Was wollte ich jetzt überhaupt noch in Albi? Mir fiel kein Grund ein, diesem Kaff einen Besuch abzustatten. Also doch Meer. Aber auch dazu verspürte ich keine Lust.

Du hast einen Fehler gemacht. Hast sie deine Erregung spüren lassen, deinen Wunsch, in ihre Dunkelheit einzudringen. Angeglotzt hast du sie, angetatscht mit deinen Blicken, sie hat es gemerkt. Vielleicht war es nur ein einziger Fehler, vielleicht waren es viele, egal.

Wenn es wenigstens ein Anzeichen gegeben hätte! Ein Stirnrunzeln, eine Geste, ein Kopfschütteln … Dass sie sich früh schlafen gelegt hat? So früh war es nicht. Sie hat dir von sich erzählt, nicht zu viel, nicht zu wenig, genau richtig. Der Rhythmus der Annäherung stimmte. Warum konnte es nicht so weitergehen?

Ich vertrieb mir die Zeit, indem ich im Netz nach ihr suchte. Julie – Basel – Musik waren die Stichworte, die ich eingab. Der Kaffee wurde kalt, doch ich fand nichts. Noch mehr als ihr Nachname hätte mich eine Aufnahme von ihr interessiert. Julie, singend: Bach, Pop, Schlager, was auch immer. Jeder hinterließ doch heutzutage Spuren im Netz.

Sie nicht.

Stattdessen stand sie plötzlich vor mir. Ich hatte sie nicht kommen hören, so vertieft war ich in die Suche gewesen. Julie. Sie trug den Rucksack mit all ihren Sachen, in der Hand hielt sie eine Tüte vom Bäcker. Und: Sie lächelte. Ich dagegen machte ein ziemlich ertapptes Gesicht.

»Sorry, Lutz, mich hat's irgendwie gepackt heute Morgen. Hatte das Gefühl, ich müsste los, sofort. Und ich wollte dich nicht wecken.«

»Ach so.«

»Hat natürlich nicht geklappt mit dem Wegkommen.«

»Nein?«

»Bloß Leute von hier, die ins nächste Dorf fuhren oder ins übernächste. Wenn überhaupt einer gehalten hat. War 'ne bescheuerte Idee, tut mir leid.«

»Zur Autobahn wollte keiner?«

»Weiß nicht. Mit einem Albi-Schild an diesem Minikreisel in der Pampa zu stehen, fühlte sich jedenfalls dämlich an. Das konnte nichts werden. Steht dein Angebot noch?«

»Dass du bei mir mitfahren kannst?«

»Ja.«

»Na, sicher. Logisch.«

»Ich hab uns auch ein paar Croissants mitgebracht.«

Du wunderst dich über gar nichts mehr. Nicht darüber, dass der Kaffee wieder schmeckt. Nicht darüber, dass die Franzosen ein Mädchen wie Julie am Kreisel stehen lassen. Und über sie wunderst du dich erst recht nicht mehr. Es lohnt nicht. Sie wird dich weiter begleiten, vielleicht bis Albi, vielleicht bis zum Meer, möglicherweise aber auch nur bis zur nächsten Raststätte. Alles ist denkbar. Das Land liegt offen. Sie hatte keine Skrupel zu gehen, einfach so, ohne Abschied, aber sie hat sich dafür entschuldigt. Bestochen hat sie dich, mit frischen Croissants, und du hast die Bestechung gerne angenommen. Sie ist frei und doch abhängig von dir, weil du ein Auto hast, Zeit, einen vollen Tank.

Und du bist abhängig von ihr. Ihre Anwesenheit wirkt sich auf deine Stimmung aus. Du hast zu verzichten gelernt, aber das heißt ja nicht, alles emotionslos hinzunehmen.

Wir frühstückten ausgiebig. Und damit meine ich nicht die Menge des Essens, sondern die Dauer. Ich ließ mir absichtlich Zeit, nur um zu sehen, wann sie unruhig wurde. Wurde sie nicht. Sie blieb völlig entspannt. Hatte sich wohl damit abgefunden, dass ich das Tempo bestimmte. Insofern war ich ihr für ihre morgendliche Flucht sogar dankbar.

Viel zu packen gab es nicht, trotzdem war es bereits nach zehn, als wir aufbrachen. Der Himmel hatte sich zugezogen, es sah nach Regen aus.

»Was willst du eigentlich in Albi? Kennst du da jemanden?«

»Nö.«

»Sondern?«

»Die Stadt angucken. Die Kathedrale. Was es so Interessantes dort gibt.«

Als wir das Zentralmassiv erreichten, begann es zu regnen. Die Landschaft wurde rau und abweisend, der Verkehr weniger. Julie vertiefte sich in ihr Handy, sie schien irgendetwas zu lesen. Irgendwann steckte sie es mit einer, wie mir schien, unwirschen Bewegung ein.

Unser Gespräch plätscherte dahin.

»Na, immer noch keine Lust, mir was zu singen?«

Keine Antwort.

Gegen Mittag aßen wir eine Kleinigkeit in einem Bistro. Julie wollte unbedingt für uns beide bezahlen, aber ich ließ es nicht zu. Der Regen hatte nachgelassen, dafür war es stürmisch geworden. Die Straße glänzte vor Nässe. Nach einer kleinen Pause ging es weiter.

»Sag mal … Wie hast du das gestern Abend gemeint?«

»Was?«

»Das mit der Musik. Dass sie eine Waffe ist, dass man mit ihr töten kann.«

»Hab ich das?«

»Ja.«

»Weiß nicht. Ich war betrunken.«

»Echt? Nee … Du warst ganz normal. Das hätte ich gemerkt.«

»Keine Ahnung, was ich da gelabert habe. Musik kann halt scheiße sein. Kann dich fertig machen, wenn du nicht gut drauf bist. Noch nie erlebt?«

»Doch, klar. Aber gleich töten?«

»Alles schon dagewesen.«

Es wurde immer einsamer um uns herum. Einzelne Höfe, Windräder, Wald, Viehweiden, ab und zu ein Dorf. Die Autobahn wand sich durch enge Täler, kletterte steile Hänge empor. Wenn wir über eine der vielen Brücken fuhren, packte der Wind unseren Bus und schüttelte ihn durch. Ich schaltete das Licht ein.

Das Gewitter begann ohne Vorwarnung. Von Westen her wälzten sich Wolkenungetüme heran, die so schwer waren, dass sie augenblicklich zerplatzten. Dunkelheit fiel wie ein Vorhang über uns. Als es gleich darauf blitzte, kam der Donner direkt hinterher. Ich fuhr im Schritttempo, beide Hände ums Lenkrad gekrampft. Die Scheibenwischer liefen auf höchster Stufe, wurden der Wassermassen aber nicht Herr. Irgendwo schien ein Fenster nicht richtig zu schließen, denn man hörte alles viel deutlicher als sonst im Wageninneren: das Rauschen des Regens, das Heulen des Windes, die Donnerschläge, dazu weitere Geräusche, die an ein Schreien und Stöhnen erinnerten. Sirenen von

Krankenwagen vielleicht, Bäume, die sich vor den peitschenden Böen duckten, oder Tiere, die in Panik gerieten …

Irgendwann zeigte Julie auf ein Schild, das einen Parkplatz ankündigte. Sofort setzte ich den Blinker und fuhr ab.

Wir standen bestimmt eine halbe Stunde auf dem Parkplatz. Der Regen prasselte auf das Dach, immer wieder zuckte ein Blitz durch das Dunkel. Offenbar waren wir die einzigen, die hier Zuflucht gesucht hatten, abgeschnitten von der Außenwelt, eingeschlossen in einen Käfig aus Blech und Glas, eine moderne Arche Noah. Niemand wusste von uns, niemand ahnte, dass es uns gab. Selbst wenn einer durch die Scheiben gelugt hätte, er hätte nichts erkannt, so dicht floss das Wasser an ihnen herab.

In diesem Moment, als ich das Gefühl hatte, etwas müsse passieren, ich hatte nur keine Ahnung, was – in diesem Moment zog Julie ihr Handy und verband es mit dem Radio meines VW. Kurz danach war unser Käfig voller Musik. Der verrücktesten Musik, die ich jemals gehört habe.

»Was ist das? Ist das … Bist du das? Ist das überhaupt Gesang?«

Nicken.

»Du singst hier?«

»Ja.«

»Aber nicht allein.«

»Nein.«

Stille.

»Klingt … naja, schräg irgendwie. Ungewohnt.«

»Du magst es nicht.«

»Hab so was halt noch nie gehört.«

Du weißt nicht, was du sagen sollst. Die Fremdheit dieser Klänge belustigt und verunsichert dich. Vergeblich suchst du nach etwas, an dem du dich orientieren kannst, nach einer Melodie, einem Beat, einem Text oder einer Stimmung. Sobald du es greifen willst, entzieht es sich dir. Im Meer dieser Musik gibt es keinen Anker. Du siehst das Wasser über die Frontscheibe fließen und denkst: Genauso ist es, ein endloser Strom von Tönen. Flüssige Musik. Da, jetzt ändert sich etwas; ein Atemholen wie eine Regenpause, dann geht es weiter, nicht exakt gleich, aber ähnlich.

Ist das gesungen?, fragst du dich. Sind das menschliche Stimmen? Julies Stimme? Bestimmt wurde sie nachbearbeitet, verfremdet. Der Computer hat ihr das Typische entzogen, hat sie zu seinesgleichen gemacht.

»Wenn ich ehrlich bin, kommt mir das Zeug ziemlich abgefahren vor.«

»Kann man so sehen. Stammt ja auch aus dem 13. Jahrhundert.«

»Also alt. Richtig alt.«

»Ja.«

»Und so was singst du?«

»Hier sind wir zu viert. Alles Leute von der Hochschule. Einer, die tiefste Stimme, hat diese ewig ausgehaltenen Töne, das ist der lateinische Text, Silbe für Silbe. Die drei darüber singen denselben Text, aber ausgeziert, mit vielen schnellen Einzelnoten.«

»Nie gehört, so was.«

»Es ist uralt, war aber mal was ganz Neues. Musik nach festen Regeln, konstruiert wie ein Gebäude. Wie Architektur. Unten das Fundament und darüber frei gestaltete Stimmen. So was gab es vorher nicht.«

»Und das gefällt dir?«

»Gefällt dir Notre-Dame?«

»Die Kirche? Klar. Warum?«

»Die Musik stammt von dort. Sie wurde geschrieben, während die Kirche gebaut wurde.«

»Du meinst, wenn mir das Gebäude gefällt, müsste mir auch die Musik gefallen?«

»Könnte. Nicht müsste.«

»Und du? Du magst beides?«

Stille.

»Oder nicht mehr?«

Stille. Das Prasseln des Regens. Donnergrollen. Die Musik.

»Es hat mir mal gefallen. Sehr sogar. Und ja, ich glaube, es gefällt mir immer noch.«

Dir gefällt es nicht. Es ist nicht das, was du unter Musik verstehst. Du kannst Respekt für die sängerische Leistung aufbringen, das ja, aber das Stück selbst sagt dir nichts. Es kommt dir sinnlos vor. Fern von allem, was du kennst. Julie dagegen, obwohl jünger als du, kann etwas damit anfangen. Das beschäftigt dich. Eine esoterische Phase vielleicht, eine Zeit der Selbstfindung. Sie scheint ja darüber hinweg zu sein.

Wie lange das Stück dauert, kannst du nicht sagen. Es hat keine Zeit. Es klingt, aber es tut sich nichts. Diese Musik flutet unablässig weiter, genau wie der Regen draußen, und weil sich nichts tut, gerätst du in eine Art Trance. Die Welt vor deinen Augen löst sich auf, es ist kalt und warm zugleich. Im Auf und Ab des Gesangs versinken die Geräusche des Lebens, im Strudel des Gewitters. Ein Rauschen, ein Rausch. Es könnte ewig so weitergehen. Fast bist du zufrieden. Fast.

Wann das Stück zu Ende ist, kannst du nicht sagen. Der letzte Ton verhallt, aber es kommt dir vor, als klinge er in dir fort. Als seist du selbst Musik. Als trage der Regen das Gehörte ganz allmählich davon.

Es dauert noch eine ganze Weile, bis du in die Gegenwart zurückkehrst.

Endlich war das Gewitter zu Ende. Die Sturzflut ging in normalen Regen über, dann in ein Tröpfeln, das schwarze Wolkenheer verzog sich nach Osten. Julie öffnete die Tür und schaute nach draußen. Die frische Luft tat gut, gleichzeitig war es empfindlich kalt geworden. Während Julie sich auf dem Parkplatz die Beine vertrat, blieb ich im Wagen und kontrollierte auf dem Handy unsere Position. Sehr weit waren wir in den letzten Stunden nicht gekommen; vor dem Abend würden wir Albi kaum erreichen.

Ein Ruf von draußen ließ mich aufblicken. In einiger Entfernung sah ich Julie stehen, wie sie unverwandt in eine Richtung schaute. Ich schnappte mir eine Jacke und stieg ebenfalls aus. Noch immer fielen einzelne Regentropfen, auf dem Platz hatten sich riesige Pfützen gebildet. Zu den Geräuschen fließenden, gluckernden Wassers kam das Zischen und Sprühen von der nahen Autobahn. In den Bäumen hingen Nebelfetzen, unter mir schmatzte es bei jedem Schritt. Ich fragte mich, was Julie entdeckt haben mochte.

»Da war eine Burg.«

»Wo?«

»Dort hinten. Jenseits der Autobahn.«

»Also ich seh nur Wolken.«

»Eben war da eine Lücke, es kam sogar blauer Himmel durch. Und da war eine Burg, eine Ruine, ganz oben auf einem Berggipfel. Mitten im Wolkenmeer. Ein irrer Anblick.«

»Aha.«

»Vielleicht kriegen wir sie gleich noch mal zu sehen.«

Wir warteten vergebens. Immer, wenn wir dachten, gleich müsse der Himmel aufreißen, schob sich die nächste Wolkenwand in unseren Blick. Mich fror. Ich steckte beide Hände in die Hosentaschen, wippte auf den Füßen, machte ein paar Schritte. Julie schaute unwillig; sie wollte mir die Ruine unbedingt zeigen. Erst als es wieder zu regnen begann, gab sie auf.

»Genau so sehen Katharerburgen aus. Uneinnehmbar, ganz oben auf einem Felssporn gelegen. Regelrechte Festungen.«

»War vielleicht eine.«

»Nein, so weit nördlich gibt es die nicht. Die sind alle im Süden, im Languedoc. Meinst du, wir könnten sie uns anschauen?«

»Das wird dann aber knapp mit Albi.«

»Nur kurz.«

Auch das klappte nicht. Eine geschlagene Viertelstunde saßen wir über unseren Handys und suchten nach einer Burg, einer Ruine, nach irgendeiner Sehenswürdigkeit in der näheren Umgebung, doch wir fanden keine. Julie versuchte, die Richtung und die Entfernung, in der sie das Bauwerk entdeckt hatte, so präzise wie möglich zu bestimmen, stieg sogar noch einmal aus – ohne Ergebnis. Entweder war das Ding auf unseren Karten nicht verzeichnet oder sie hatte sich etwas eingebildet. Eine Felswand für Mauerwerk gehalten, so was in der Art. Enttäuscht gab sie schließlich auf.

Schweigend setzten wir unsere Fahrt fort.

Sie hat Fantasie, das weißt du jetzt. Wusstest du schon vorher. Sie kann leidenschaftlich sein, für etwas kämpfen. Auch das gefällt dir an ihr. Wieder ein neues Puzzleteil, wieder ein Mosaikstein. Allmählich vervollständigt sich das Bild, das du dir von Julie machst. Du hast gehofft, dass sie offen ist für Verrücktheiten, für Dinge abseits des Weges. Ihre Distanziertheit war nur eine Schutzmaßnahme; soll halt nicht jeder gleich merken, wie sie tickt.

Du aber, du hast es gemerkt. Wenn jemand dieses Mädchen kennt, dann du.

Mit jedem Kilometer, den wir uns Albi näherten, änderte sich die Landschaft um uns herum. Die Berge schrumpften zu Hügeln, die Schatten lichteten sich. Nach und nach riss der Himmel auf. Immer öfter entdeckten wir jetzt Häuser mit den typischen Tonziegeldächern des Südens. Es gab Weinberge und Hänge voller Olivenbäume. Als die Sonne zum ersten Mal mit Macht durch die Wolken brach, mussten wir blinzeln.

Julie wirkte angespannt und erleichtert zugleich. Sie hatte ihren rechten Fuß aufs linke Knie gelegt und nestelte am ausgefransten Ende ihrer Jeans herum. Kurz danach wechselte sie ihre Sitzposition, und einmal holte sie tief Luft, die sie erst nach geraumer Zeit in einem langen Strom ausatmete.

Ich erzählte, dass ich mit meiner Frau hier in der Nähe vor Jahren Urlaub gemacht hatte, doch sie hörte kaum zu.

Eine Stunde später erreichten wir die Stadt.

»Was hast du jetzt vor, Julie?«

Achselzucken. »Campingplatz, Zelt aufschlagen. Die Stadt schaue ich mir morgen an.«

»Camping klingt gut. Dann könnte ich mal wieder duschen.«

Wir fanden einen Platz am Stadtrand, der erst seit wenigen Tagen geöffnet hatte. Ein paar Wohnmobile standen herum, Zelte waren weit und breit nicht zu sehen. Nachdem Julie ihres aufgebaut hatte, ging ich duschen. In der Zwischenzeit kaufte sie zwei Pizzen und zwei Flaschen Wein. Als ich zurückkam, hatte sie den Tisch gedeckt und die erste Flasche entkorkt. Es war gerade noch warm genug, um draußen zu essen.

»Und du, Lutz? Wie geht es bei dir weiter?«

»Wahrscheinlich werde ich mir morgen auch ein bisschen was von der Stadt angucken. Und dann … mal sehen. Richtung Mittelmeer, würde ich sagen.«

»Also hast du doch einen Umweg gemacht.«

»Gibt Schlimmeres. Prost!«

»Prost.«

»Darf ich dich mal was fragen, Julie?«

»Frag.«

»Interessierst du dich für die Katharer?«

»Wieso?«

»Weil du diese Burg unbedingt sehen wolltest. Und hatten die nicht auch was mit Albi zu tun?«

»Hatten sie.«

»Nämlich?«

»Albigenser ist ein anderer Name für die Katharer.«

»Siehst du, da war was.«

»Wobei sich diese Leute nie so genannt haben. Weder Katharer noch Albigenser.«

»Sondern?«

»Die Reinen.«

»So was weißt du?«

»Interessiert mich halt.«

Der Wein war gut. Entweder Julie kannte sich aus, oder sie hatte einfach ein glückliches Händchen gehabt. Wie wir überhaupt Glück hatten. Zu Hause in Deutschland regnete es, auf den Bergen fiel Schnee, und wir saßen hier unter freiem Himmel. Der Geruch nach wildem Thymian lag in der Luft, in der Ferne glitzerten die Lichter der Stadt. Wir hatten jeder von der Pizza des anderen probiert; Julie hatte sich ihre extra scharf belegen lassen, weshalb mir noch immer die Augen tränten.

»Ehrlich gesagt, über die Katharer weiß ich so gut wie nix. Nur dass sie damals verfolgt worden sind. Aber wann das war – keine Ahnung.«

»Im 13. Jahrhundert.«

»Wie die Musik, die du gesungen hast?«

»Genau.«

»Du hast ein Faible für solche alten Sachen, oder?«

»Ja, möglich.«

»Gibt's nicht so oft bei jungen Leuten.«

»Hab ich von meinem Vater. Der war … ja, der war schon ein bisschen durchgeknallt.«

»Ihr hattet wenig Kontakt, hast du erzählt.«

»Ich hab den nie richtig kennengelernt. Und als er dann tot war, sind wir nach Paris gefahren und haben in seinem Zeug rumgewühlt. Den Büchern und Dokumenten und dem Kram. Erst da haben wir gemerkt, wie besessen der war von der Idee, er könnte von den Katharern abstammen.«

»Echt wahr?«

»Der hat Akten gewälzt, jahrelang. Ist in Archive rein, hat Briefe geschrieben, noch und nöcher. Weil er so hieß wie eine Katharerfamilie aus Toulouse, die damals verbrannt wurde.«

»Aber wenn die ganze Familie verbrannt wurde, gab es doch keine …«

»Nicht die ganze. Das wollte er ja nachweisen.«

»Und? Hat er es geschafft?«

Achselzucken. »Und wenn?«

Ja, das würde dir gefallen. Ein Katharermädchen, eine Rebellin. Olivgrüne Haut, die Locken im Wind. Mit ihr noch einmal ganz neu anfangen, das Gelebte hinter dir lassen wie erkaltete Schlacke. Du spürst: der Ofen glüht wieder. Dein inneres Feuer ist angefacht – und wodurch? Durch Julies Anwesenheit. Durch ihre Aura, ihre Rätselhaftigkeit, die sich aus zwei Quellen speist, der Vergangenheit und der Musik.

»Spielst du mir euer Stück noch mal vor?«

»Das Perotin-Organum?«

»Keine Ahnung, wie das Ding heißt. Das alte, das wir im Auto gehört haben.«

Sie zückte ihr Handy, stöpselte ein Paar Ohrhörer ein und reichte mir den einen. Den anderen steckte sie sich selbst ins Ohr. Eine Weile lauschten wir schweigend. Das Gesinge kam mir nicht mehr ganz so abgefahren vor wie beim ersten Mal, natürlich immer noch fremd, immer noch esoterisch, aber eine Spur passender. Passend zum Ort, zur Umgebung, zum Wein – ich weiß es nicht. Vielleicht hatte ich mich auch bloß daran gewöhnt. Was nicht heißt, dass es mir gefiel. Es gefiel mir nicht, und hätte ich in diesem Moment nicht mit einer der Sängerinnen an einem Tisch gesessen, wäre ich in lautes Lachen ausgebrochen.

Wir hörten das Stück komplett durch, und nach dem letzten Ton genehmigte ich mir einen ordentlichen Schluck Wein.

»Wie ihr das singt, ihr vier, das ist klasse, wirklich. Aber warm werde ich mit dem Zeug nicht. Es kommt mir irgendwie ... irgendwie abgehoben vor.«

»Was meinst du?«

»Ich kriege halt keinen Zugang. Für mich entstehen da keine Bilder beim Hören. Alles klingt so ... so gleich. Beliebig.«

»Esoterisch.«

»Könnte man sagen.«

»So haben wir es auch gesungen. Immer auf den Klang fixiert. Immer nur Reinheit, Schönheit, Atmosphäre. Ohne Aussage.«

»Hat es denn eine Aussage?«

»Ich denke, ja.«

»Und welche?«

»Na, was wohl? Glaubt, Leute! Betet! Vertraut auf das Jenseits! Erst haben sie in Paris eine Riesenkirche gebaut, Notre Dame. Alles vom Feinsten. Dann wurde die Musik dazu komponiert. Auch völlig neu, superschick. Und dann – was, meinst du, kam dann?«

»Keine Ahnung.«

»Dann ging das große Schlachten los. Ein Kreuzzug.«

»Gegen den Islam.«

»Nein, gegen andere Christen. Christen, die zu glauben wagten, dass auf dieser Welt vielleicht doch nicht alles so toll ist, was Gott geschaffen hat. Die Enthaltsamkeit predigten und kein Fleisch mehr aßen. Die Frauen in der Kirche respektierten.«

»Verstehe ich jetzt nicht.«

»Katharerglaube. Christlich, nur eben nicht korrekt christlich. Nicht Mainstream. Deshalb mussten die weg, alle. 1208 war das. In Béziers haben sie die Leute aufgeschlitzt, in Carcassonne Scheiterhaufen aufgetürmt. Und drüben in Paris liefert Meister Perotin die Musik dazu.«

»Aber …«

»Was aber?«

»Naja, ich meine, was hat diese Musik mit der Jagd auf Andersgläubige zu tun?«

»Alles. Geist, Ton, Wille. Der Herrschaftsanspruch. Das Verbrämen. Das Lächeln beim Anblick der brennenden Scheiterhaufen.«

»Diese Musik? Die ihr gesungen habt?«

»Genau die.«

Du musst dir das Lachen verkneifen. Du verstehst nicht: Wie kann man sich über Lieder aus dem Mittelalter nur so ereifern? Diese albernen Klänge derart überfrachten mit Bedeutung? Wille, Geist, Herrschaft! Du denkst, dieses Mädchen ist genauso abgedreht wie das Zeug, mit dem sie sich beschäftigt. Was gehen dich die alten Zeiten an, die uralten Zeiten? Die Menschen haben sich schon immer die Köpfe eingeschlagen, Jahrhundert für Jahrhundert, also was soll's?

Aber du lachst nicht. Über deine Heiterkeit schiebt sich wie eine Gewitterwand ein anderes Gefühl, das gleiche, das du bereits gestern Abend hattest. Ein von feinen Blitzen, von fernem Grollen durchzogenes Gefühl, für das du nur dieses eine Wort kennst: Erregung. Es erregt dich, dass da eine sitzt, die ihrer Emotionen nicht Herr wird. Die ihren Leidenschaften ausgeliefert ist, die fassen möchte, was nicht zu fassen ist. Julie mit dem dunklen Gesicht und dem Feuerrand, dem Ernst und dem inneren Glühen. Ja, es ist Erregung, und du würdest gerne etwas tun, um diese Erregung zu befriedigen, um das Gewitter zu entladen, aber noch weißt du nicht, was.

»Jetzt mal langsam. Du meinst also, in dem Trallala von damals – sorry, ich sag's einfach mal so – in der Musik von damals steckt das alles drin, das Gemetzel und der Kreuzzug und diese Sachen?«

»Tut es.«

»Echt?«

»Ja.«

»Sei mir nicht böse, aber das klingt … wie soll ich sagen … verdammt weit hergeholt.«

»Für mich nicht. Für mich ist es eins.«

»Und deshalb magst du diese Musik jetzt nicht mehr?«

»Ich kann sie nicht hören, singen schon gar nicht, ohne an die brennenden Menschen denken, an die vergewaltigten Frauen, die aufgespießten Kinder. All das ist lange her, aber es waren Menschen, genau wie wir, und heutzutage gibt es immer noch Kreuzzüge, es gibt Verfolgung und Hass auf Leute, die anders sind.«

»Ach komm, Julie …«

Na los, widersprich ihr! Gib Kontra. Du hast sie jetzt an der Angel, sie ist so aufgewühlt, dass sie nichts unkommentiert lassen wird. Wenn du die Nadelstiche an der richtigen Stelle setzt, wird sie sich auf dich stürzen, du wirst ihren Atem spüren, ihre Wut, ihre Hitze. Dann wird es keinen Altersunterschied mehr geben, nur noch das gegenseitige Ringen um Anerkennung. Ein Duell auf Augenhöhe. Dann endlich wirst du jenes Feuer erleben, das du so lange vermisst hast, in deiner verkorksten Ehe, deinem verödeten Leben.

Dann hätte deine Fahrt einen Sinn.

»Ehrlich, Julie, mir ist das zu verkopft. Es ist doch bloß Musik! Da kritzelt jemand Noten aufs Papier …«

»Es ist nie bloß Musik. Nie. Sie ist von Menschen geschrieben, die in einer bestimmten Zeit gelebt haben, in einer bestimmten Gesellschaft, unter ganz bestimmten Machtverhältnissen. Das alles ist drin in den Noten. Die Mörder von damals sind mit Musik in die Schlacht gezogen, sie haben das Gloria gesungen, wenn sie eine Stadt belagert haben, und sie haben es erst recht gesungen, wenn ein Ketzer hingerichtet wurde. Das gehört zusammen, genau wie die Kunst dazu gehört, die Malerei, die Architektur. Weißt du, warum ich nach Albi will?«

»Sag's mir.«

»Nach dem Kreuzzug haben sie in Albi eine Kathedrale errichtet. Auf den Grundmauern der alten Katharerkirche. Eine ganz besondere Kathedrale ist das: außen Festung, innen Heiligtum. Die will ich mir anschauen. Ich frage mich, ob sie in mir Ähnliches auslöst wie die Musik von Perotin. Ob ich die Wände bluten sehe.«

Dir bleibt die Luft weg. Endlich weißt du, hast du die Gewissheit, dass ihr zusammengehört. Du und Julie. Ihr habt das Gleiche erlebt, seid Schicksalsgenossen. Damals – so lange ist es gar nicht her – hast auch du die Wände bluten sehen, als dich deine Frau verließ. Als sie dein ganzes Leben in einem Augenblick zermalmte, mit bloßen Fingern zerquetschte. Am liebsten hättest du sie geschlagen, so groß war die Demütigung, vielleicht hast du es auch getan, vor allem aber hast du dich selbst geschlagen, hast dich gequält, zerfleischt, aufgerieben, Jahre später noch, im Grunde bis jetzt. Immer wieder ist Blut aus den Wänden gesickert, du hast es mit eigenen Augen gesehen, es waren ja eure Wände, eure gemeinsame Zukunft, der nun das Fundament fehlte. Das Haus stand noch, aber es blutete. Gebäude sind mehr als nur Stein und Ziegel, da hat Julie recht. So wie Musik nicht aus Tönen allein besteht.

Dass ihr beide diese Erfahrung gemacht habt, das erfüllt

dich mit einer wütenden Zufriedenheit. Und einem nagenden Verlangen.

Julie, sagst du, Julie …

»Weißt du eigentlich, dass du wunderschön bist? Eine tolle Frau?«

»Du hast zu viel getrunken, Lutz. Ich übrigens auch. Gute Nacht.«

Stumm sah ich ihr zu, wie sie ihre Zahnputzsachen aus dem Rucksack fischte und hinüber zu den Sanitäranlagen ging. Als sie kurz danach zurückkam, saß ich immer noch da, frierend, die geleerten Weinflaschen vor mir auf dem Tisch. Julie krabbelte in ihr Minizelt und zog die Reißverschlüsse zu. Aus der Ferne drang Gelächter zu uns, da wurde wohl gefeiert. In meinem Mund machte sich ein bitterer Geschmack breit.

Irgendwann ging ich ebenfalls schlafen.

* * *

Während die Unsrigen alle ihre Kräfte auf die Belagerung verwandten, kamen die Bischöfe sowie alle Geistlichen an einem Ort zusammen und sangen mit großer Hingabe das Veni Creator Spiritus. Als das die Feinde sahen und hörten, wurden sie durch den Willen Gottes derart von Bestürzung ergriffen, dass sie fast sämtlichen Widerstandswillen verloren.

Wie sie später bekannt haben, waren sie nämlich mehr durch die Singenden als durch die Kämpfenden in Schrecken versetzt worden, mehr durch die Psalmodierenden als durch die Heranstürmenden, mehr durch die Betenden als durch die Angreifenden.

* * *

In der Nacht wurde ich von einem heftigen Donnerschlag geweckt. Der Regen trommelte auf das Dach meines VW, kurz danach tauchte ein Blitz die Umgebung in bläuliches Licht. Ich setzte mich auf, schob einen der Vorhänge zurück und schaute hinaus. Hörte das denn nie auf mit den Gewittern? Beim nächsten Blitz erhaschte ich einen Blick auf Julies Zelt. Das schmale Ding starrte vor Nässe, eine der Seitenwände wurde vom Wind nach innen gedrückt. Es dauerte nicht lange, bis ich Julie herauskrabbeln und durch den Regen zum Wagen laufen sah. Einen kurzen Moment lang kostete ich meine Macht aus und ließ sie draußen stehen, dann öffnete ich die Seitentür.

Zitternd vor Kälte schlüpfte sie herein. Während sie sich die nackten Füße abtrocknete, kramte ich eine Decke und ein Kissen aus dem Schrank. Ihre Sachen, Jogginghose und T-Shirt, behielt sie an, obwohl sie nass waren. Sie quetschte sich neben mich und zog die Decke bis zum Kinn. Es war eng in meinem Bus, eng und stickig, aber trocken. Irgendwann entschlüpfte ein Dankeschön ihren Lippen.

Keine Ursache, Julie.

Ich wartete, bis sie nicht mehr zitterte, dann schob ich eine Hand unter ihre Decke. Ich bekam ihre Hüfte zu fassen. Sie zuckte zusammen, versuchte sich mir zu entziehen, aber da war ich, war meine Hand schon weitergewandert. Wir sind doch jetzt Schicksalsgenossen, Julie. Du und ich. Meine Finger krochen weiter, in ihre Hose hinein, und als ich merkte, dass sie sich krümmte und an meinem Arm zerrte, langte ich kräftig hin.

Wir schrien beide.

Ich schnellte von ihr weg, schaute fassungslos auf meine Hand, dann auf sie – sie drückte sich gegen die Wand und starrte mich aus weit aufgerissenen Augen an. Zwei, drei Mal schluchzte sie auf. Mir wurde übel.

Der nächste Blitz. Ohne mich aus den Augen zu lassen, tastete Julie nach dem Türhebel. Bevor sie abhauen konnte, beugte ich mich vor, packte sie am Hosenbund und zog alles, was aus Stoff war, mit Gewalt nach unten. Wieder schrie sie auf. Schlug nach mir, doch ich merkte es kaum. Glotzte nur auf ihren Unterleib, der sich in etwas Abstoßendes verwandelt hatte.

Julie war ein Mann. Zwischen den Beinen wenigstens. Sie winselte und wehrte sich wie eine Frau, ihr Körper aber war der eines Mannes. Das klamme T-Shirt fiel über eine Männerbrust. Und ihre Augen …

Ihre Augen waren nicht mehr dieselben. Der folgende Blitz zeigte es mir in aller Deutlichkeit. Sie waren weder die einer Frau noch die eines Mannes. Sondern die eines Geschöpfs, eines Tieres vielleicht, das man gejagt, gehetzt, geschändet hatte. Das gebrochen war, keinen Lebenswillen mehr besaß. Von diesem geschlechtslosen – oder soll ich sagen: entschlechteten? – Blick ging eine Untröstlichkeit aus, die mir Gänsehaut verursachte.

Und diese Untröstlichkeit war auch der Grund, warum ich nicht einschritt, als Julie es endlich geschafft hatte, die Schiebetür zu öffnen. Als sie ihre Kleider schnappte und heulend den Wagen verließ, in Nacht und Gewitter hinaus.

Es ist nicht deine Schuld.

Ist es deine Schuld, wenn sich einer als Frau ausgibt, wenn er sich kleidet wie eine, spricht wie eine, guckt wie eine? Wenn er singt wie eine Frau? Du kannst nichts dafür. Du warst erregt. Wegen ihr, nur wegen ihr. Ihr musste klar sein, was passiert, wenn sie … wenn er sich neben einen Mann legt. Wenn er, der so tut, als sei er eine Frau, sich neben einen Mann legt.

In Wahrheit ist er ja auch eine. Er will eine Frau werden, nur sein Körper ist noch nicht so weit. Oder ist er beides, ein Zwitter? Immerhin, er nennt sich Julie. Er will als Frau behandelt werden. Du hast ihn als Frau behandelt. Hast du! Also. Wenn er beides ist, soll er sich nicht so eindeutig geben. Wenn er noch keine richtige Frau ist, soll er nicht so tun, als ob. Wenn er etwas anderes ist, dann … Man kann nicht auf alles eine Antwort haben. Man kann nicht immer das Richtige tun!

Ich weiß nicht, wie lange ich durch die geöffnete Tür in die Nacht starrte. Das Gewitter verzog sich, der Regen ließ allmählich nach. Irgendwann bemerkte ich, dass mir immer noch übel war. Stöhnend kletterte ich von der Matratze, stolperte ins Freie und fiel auf die Knie. Einfach so, direkt vor meinem VW. Im nächsten Moment kam es mir auch schon die Kehle hoch.

Als ich ausgekotzt hatte, leer war wie ein nasser Sack, stand ich auf und ging in den Wagen zurück. Knie, Schienbeine, Füße, Hände, alles triefte. Ich ließ mich auf die Matratze fallen, Gesicht nach oben, und schaute zur Decke. Döste ein, wachte frierend auf. Die Schiebetür stand immer noch offen. Die Nacht war nicht zu Ende.

Du darfst dir keine Vorwürfe machen. Wenn sich jemand Vorwürfe machen muss, dann sie. Er. Ist es nicht pervers, dem Gegenüber ein falsches Geschlecht vorzugaukeln? Eindeutigkeit zu signalisieren, wo gar keine ist? Sie/er hat sich selbst in diese Lage gebracht. Wenn es so ist, wie es ist, dann trampt man eben nicht. Dann gibt man sich nicht in die Hand von Fremden.

Hör zu, Lutz: Du hast alles richtig gemacht.

Als es dämmerte, stand ich auf und suchte den Campingplatz nach ihr ab. Das klitschnasse Zelt, die Umkleidekabinen und Duschen, sogar die Klos. Aufenthaltsräume gab es nicht, jedenfalls keine, die über Nacht offen waren. Unverrichteter Dinge kehrte ich zum Wagen zurück. Im Zelt lagen noch ihr Schlafsack und die Isomatte, aber ihr Rucksack war fort.

Ich machte mir einen Kaffee und überlegte. Über mir strahlte ein makellos blauer Himmel.

Nachdem ich meine Sachen gepackt hatte, checkte ich aus und fuhr in die Stadt. Ich stellte den VW am Rand des Zentrums ab und folgte den Hinweisschildern Richtung Kathedrale. Albi war im Begriff zu erwachen; Menschen eilten zur Arbeit, aus den Bäckereien duftete es nach Baguettes und Croissants. Als ich die Place Sainte-Cécile erreichte, fuhr eben ein Krankenwagen, der vor dem Haupteingang der Kathedrale geparkt hatte, mit Blaulicht davon. Unmöglich zu erkennen, wer da wegtransportiert wurde. Ich beschleunigte meine Schritte, drängelte mich durch eine erregt diskutierende Gruppe von Menschen und betrat die Kirche. Innen empfing mich ein seltsam bläuliches Licht, das mich sofort an die nächtlichen Blitze erinnerte. Das zweite, was mir auffiel, war leichter Brandgeruch. Den Ursprung dieses Geruchs entdeckte ich kurz darauf zu Füßen einer mächtigen, mit alten Fresken bemalten Wand: eine verkohlte Masse aus Holz, Papier und anderem Zeug, die still vor sich hin kokelte. Um sie herum glänzten schmutzige Reste von Löschschaum. Einige Personen, darunter ein Geistlicher, unterhielten sich, lebhaft gestikulierend. Mein Französisch ist etwas eingerostet, aber das Wesentliche verstand ich. *Immolation*, sagten sie. Selbstverbrennung. Jemand hatte versucht sich anzuzünden. Und es herrschte Unsicherheit, ob das ein Mann oder eine Frau gewesen war.

Ein auffälliger Gegenstand ragte aus dem klumpigen Haufen. Mit der Schuhspitze zog ich ihn heran und bückte mich. Es war eine CD, die Plastikhülle verschmort und mit der Silberscheibe zusammengebacken. Keine Chance, die Aufschrift zu entziffern. Bevor mich der Priester und seine Leute fortscheuchten, entdeckte ich noch weitere CD-Reste, außerdem Julies Handy mit den Ohrstöpseln daran.

Die Fresken in der Kathedrale von Albi zeigten übrigens Szenen des Jüngsten Gerichts.

»Warum hast du das getan, Julie?«

»Was heißt das, warum?«

»Erklär's mir. Ich verstehe es nicht.«

»Natürlich verstehst du. Ich stamme von den Katharern ab. Im Geist oder in Wirklichkeit, egal. Und deshalb trete ich in ihre Fußstapfen.«

»Aber wieso? Keiner zwingt dich dazu. Wir leben doch nicht mehr im Mittelalter. Heutzutage darf jeder tun und lassen …«

»Darf er? Darf sie? Glaubst du das wirklich, Lutz? Bist du so naiv? Du kennst doch meine Geschichte gar nicht. Und hast du schon vergessen, was gestern Nacht war?«

»Ach komm, wenn du mir von vornherein gesagt hättest, was mit dir los ist, wäre es nie so weit gekommen.«

»Du willst mir die Schuld für dein Verhalten geben? Dass du so ein kaputtes Leben hast, dafür kann ich nichts. Das musst du schon mit dir ausmachen. Mit dir ganz allein.«

»Julie, so einfach ist das nicht. Hör mir doch mal zu. Julie … Julie!«

Auf dem Parkplatz machte ich mir einen Kaffee. Eine ganze Thermoskanne voll, sie sollte für 700 Kilometer reichen. Vielleicht musste ich unterwegs nicht mal mehr tanken.

Von Albi aus ging es westwärts, dann auf die A 20 und immer geradeaus nach Norden. Nach Paris. Ich schnüffelte an meinen Kleidern. Der Brandgeruch – Julies Brandgeruch – hing in ihnen. Er würde mich bis zur Kirche Notre-Dame tragen. Einen Ersatzkanister Diesel hatte ich dabei, außerdem eine Handvoll Grillanzünder. Von meiner Matratze erwartete ich, dass sie schön lange brennen würde. Ich musste nur einen Zugang zur Kirche bekommen, um meine Aufgabe in Ruhe erledigen zu können. Aber das sollte kein Problem sein. Im Internet stand, dass Notre-Dame gerade renoviert wurde. Da konnte man sich bestimmt als Arbeiter oder Gutachter ausgeben.

Bevor ich Albi verließ, überlegte ich kurz, ob ich Julie im Krankenhaus anrufen sollte. Aber ich wusste ja nicht einmal, wo man sie hingebracht hatte. Hinterher würde ich irgendwie Kontakt zu ihr aufnehmen und ihr berichten, dass ich ihre Musik von der Erde getilgt hatte. Ein für alle Mal.

Dann fuhr ich los. Auf dem Weg zur Autobahn schaltete ich das Radio ein. Aber es kam nur Mist.

Schon nach wenigen Schritten ist alles wieder da.

Als Erinnerung bloß, aber da. Auf beklemmende Weise vorhanden. Bilder tauchen auf, Formen, Bewegungen, Gesten. Und er spürt: wie sich sein Puls beschleunigt, wie eine Wärme in ihm aufsteigt, wie sich seine Fingerspitzen elektrisch aufladen … Ist das nichts? Nur Geisterhauch, nur Vergangenheit? Für die anderen vielleicht. Für ihn ist es gegenwärtig, ist in ihm, um ihn herum. Teil seiner selbst. Im Prinzip kennt er dieses Gefühl. Er kennt es von seiner täglichen Arbeit: wenn Ideen Gestalt annehmen, wenn sie lebendig werden. Wenn er sich in seiner eigenen Welt bewegen kann wie in einem weitläufigen Gebäude. So, wie er es jetzt gerade tut.

Diese Intensität jedoch … mit der hat er nicht gerechnet.

Etwas kitzelt in seiner Nase. Staub? Er bleibt stehen und atmet den Reiz weg. Verrückt, was da passiert, in einem, mit einem. Hinten in seinem Nacken: Schauer, wellenartig. Aufstellen einzelner Härchen. Und warum? Weil man nach Jahren ein Haus wieder betritt. Ein dämmriges, stilles Riesenhaus.

Er geht weiter. Wenn er sich recht erinnert, gibt es eine triviale und eine weniger triviale Erklärung für seine Empfindung. Die triviale sagt, dass der Mensch an den Rändern seines Körpers in Auflösung begriffen ist, dass er ständig etwas verliert, Schuppen, Haare, Krümel der Haut. Also ist auch diese eine Person jetzt anwesend, in Kleinstteilen zumindest, in allen Ecken bröselt sie vor sich hin, Schuppen von heute, Schuppen von damals. Deshalb kann er diese Person riechen, ahnen, fühlen, begehren, und deshalb entscheidet sich sein Herz dafür, schneller zu schlagen.

Die weniger triviale Erklärung spricht von Erinnerungen. Von Bildern, Klängen und Gerüchen, die tief in uns verborgen sind. Beim Eintritt in eine vertraute Umgebung werden sie geweckt, an die Oberfläche gespült, und wenn sie stark genug sind, ruft dieser Vorgang im Körper dieselben Reaktionen hervor wie damals. Nackenschauer. Hitze. Fingerzucken. Genau wie damals. Erschreckend, dass der Mensch so funktioniert. So … maschinenartig.

Unter seinen Füßen knarrt es. Auch das eine Erinnerung. Die Dielen im Müllerschen Hause haben schon immer auf ihre eigene Art und Weise geknarrt. Ein dunkler, harziger Klang mit mehr Dur- als Moll-Anteilen. Kreuz-Vorzeichen, mindestens vier.

Hat er eben das Wort »Maschine« gedacht? Kein Zufall. Müllers Galerie ist bekannt für ihre Apparaturen, für ihre mechanischen Wunder. Deshalb waren die großen Tiere auch schon hier, die Gäste aus Preußen, Russland, Dänemark, Frankreich. Um sich verblüffen zu lassen, um staunend einen Blick in die Zukunft zu werfen, eine Zukunft, die den Geräten gehört, den Federn, Walzen, Zahnrädern, Schrauben. Diese Dinge werden Menschenwerk einmal schneller und präziser ausführen als die Menschen selbst. Jede Art von Menschenwerk, mit Ausnahme der Kunst vielleicht.

Aber wer weiß. Flöten und trompeten können sie ja schon, Müllers Maschinen.

Vorsichtig öffnet er eine Tür. Es ist so still im Haus am Roten Turm, er will die Stille nicht zerstören. Hält sogar den Atem an. Nur ein Rauschen ist zu vernehmen, das Rauschen, das immer da ist, sein ganz privates, alles überlagerndes Schicksalsrauschen. Ob das dereinst von den Maschinen besiegt wird? Der verrückte Mälzel mit seinen Apparaturen hat es jedenfalls nicht geschafft, von all den Ärzten und Kurpfuschern ganz zu schweigen.

Egal. Hier ist nicht der Raum für Gejammer. Hier ist überhaupt kein Raum für persönliche Defekte. Eher für das Gegenteil: heroisches Dulden und große Werke. Auf Zehenspitzen tritt er ein. Weltgeschichte blickt ihn an, Geistesgeschichte. Das Licht einer Handvoll Kerzen fällt über Gesichter, die ganz anderes erlitten haben als er. Schwacher Luftzug lässt die Kerzen flackern, belebt die blässlichen Mienen, eine Braue zuckt, ein Mundwinkel regt sich. Er wird unruhig, atmet unwillkürlich schneller. So viel Schicksal auf einmal! Hinter jeder Stirn eine Heldentat, hinter jeder Falte ein Kummer. Gebückt schleicht er um die Anwesenden herum, schielt nach oben, grummelt Unverständliches.

An die Person von vorhin denkt er nicht mehr. Stattdessen beginnt er, sich mit den Büsten zu unterhalten.

Worüber? Nun, zum Beispiel sagt er: Du dort – Cäsar! – – – So viele Siege hast du errungen – Siege! Cäsar! – Deine letzte Schlacht aber – die, nun, die ging verloren.

Natürlich spricht er nicht laut. Nur in seinem Innern, für sich. Trotzdem ist es interessant, wie er redet. Abgehackt, mit langen, tiefen Pausen – plötzlich quillt eine Wortkaskade aus ihm heraus, ein Geröllfeld von Lauten – schon herrscht wieder Stille.

Cäsar wird ihn verstehen.

Jetzt schleicht er um Tiberius. Buckelt vor Nero. Brummt: Tyrannen. Ruft in die Höhe: Tyrannen, alle beide! – Auch ihr – ja, auch ihr – starbt eines gewaltsamen Todes.

Weiter treibt es ihn, zu Brutus. Verteidiger, nennt er ihn. Verteidiger der Freiheit. Und: Mörder! Zum Mörder wurdest du – für die Freiheit – – – zum Mörder.

Dann: Nicht einmal du – Mark Aurel – konntest in Frieden leben – der dir so wichtig war.

Und zu Seneca sagt er: Wurdest du nicht von Nero in den Tod getrieben?

So spricht er, der nächtliche Besucher, wortlos, tonlos, aber seine Fäuste ballen sich, die dunklen Brauen ziehen sich zusammen, dass es Wellen schlägt bis weit über die Stirn hinaus. Er muss an die Taten dieser Männer denken, an ihre Verbrechen und ihre Opfer, wie sie das Schicksal hin- und hergerissen hat, zur Mahnung an die Heutigen.

Und die Toten antworten ihm. Ja, sie geben Antwort! Aus dem Winterdunkel des Saals heraus schauen sie ihn an, bewegen ihre Lippen, nicken und verneinen. Er ist eben doch ein Hexenmeister, dieser Wachsbildner Müller! Erst hat er Königin Karoline in Neapel verhext, um Gipsabdrücke von ihren Skulpturen nehmen zu dürfen. Dann hat er aus diesen Hohlformen Menschen gebildet. Menschen, die vor Tausenden von Jahren gelebt haben. Die gelitten, gestritten, geliebt haben. Und du sprichst mit ihnen! Auch wenn sie nur als Büsten vor dir stehen.

Der Besucher schüttelt sich. Vor Kälte, vor Bewunderung, vor leisem Grauen. Tote Blicke. Aber Blicke!

Der Feldherr Coriolan ist übrigens nicht unter den Anwesenden. Schade, es hätte ihn interessiert, wie die Alten diesen Charakter dargestellt hätten, seine Zerrissenheit, das Todesethos. Auch die Gründer Roms fehlen, die zerstrittenen Zwillinge, über die er jetzt eine Oper schreiben wird. Das Textbuch liegt aufgeschlagen zu Hause.

Er will schon gehen, da fällt sein Blick auf das Gesicht eines bärtigen Mannes. Ein Gesicht von so finsterer Entschlossenheit, nein: Verschlossenheit, dass man sich unwillkürlich Hammer und Meißel wünscht, um diese Stirn aufzubrechen. Er sieht mir ähnlich, denkt der Betrachter mit leisem Erschrecken. Er wirkt so, wie ich auf die Leute wirke. Unter der Büste steht ein Name: Heraklit. Der Philosoph der Fragmente, des großen Welträtsels, der lieber in seiner Höhle grummelte, als am Hof des Perserkönigs Darius das Leben zu genießen.

Rasch verlässt der Besucher den Saal.

Das Müllersche Gebäude, am nördlichen Rand der Innenstadt gelegen, Blick hinüber zur Leopoldstadt, zum Augarten und Prater. Wie oft hat er hier musiziert! Nicht in der Galerie, die war ihm schon immer unheimlich. Sondern in den Privatgemächern der Deyms, im Salon, am Flügel. Mit dem dicken Schuppanzigh, dem Teufelsgeiger, hat er gespielt, mit Kraft, dem alten Cellisten, mit dem Hornisten Punto. Seine Quartette hat er hier in die Welt entlassen. Der Auftritt von Bridgetower, dem Mulatten, unvergesslich. Und immer wieder die Hausherrin und ihre Schwester, beide begabt, beide hochmusikalisch. *Noch ehe ich Sie kannte machte ihre Musick mich für Sie enthousiastisch* – das Geständnis der Hausherrin, er hat es schriftlich, und genau so soll es auch sein, oder? Erst die Musik, dann die Person.

Wenn sich beides ergänzt: umso besser.

Dagegen der Hausherr, Graf von Deym. Ein Verrückter, wie gesagt. Ein Spieler. Schon in jungen Jahren muss dem sein blaues Blut zu Kopfe gestiegen sein. Man munkelt von einem Duell mit tödlichem Ausgang, von seiner Flucht nach Holland, nach Frankreich. Zurück in Wien, nennt sich der Mann plötzlich Müller. Weil es die wahre Identität zu verschleiern galt? Weil der Graf und der Künstler schlecht zusammenpassen? Als Müller jedenfalls eröffnet er sein skandalumtostes Panoptikum. Erst am Stock-im-Eisen-Platz, später am Kohlmarkt und zuletzt, berauscht vom Erfolg, in der Rotenturmstraße. Die alte Hauptmaut hat er sich zu einem Monstregebäude mit 80 Zimmern ausbauen lassen. Für seine Galerie, für Abendgesellschaften, für die Familie. Von Musik keine Ahnung, aber ein Genie im Verfertigen von Menschen. Ein zweiter Prometheus!

Nun, das ist dann doch zu viel der Ehre. Der irre Graf mag ein genialer Handwerker sein, aber eine Revolte gegen die Götter hat der noch nie angezettelt. Lieber huldigt er ihnen in Form von Ewigkeitsbüsten.

Um heiraten zu können, hat er seinen alten Namen wieder angenommen: Graf von Deym. Seither kennt jedes Kind in Wien seine Geschichte. Keine schlechte Werbung, ganz sicher nicht. Trotzdem gab es Geldprobleme, und allzu lange hat er das Glück mit seiner jungen Gattin auch nicht genießen können. Im Winter vor zehn Jahren ist er gestorben, der Müller. Lungenentzündung.

Von da an verwandelte sich das Haus der Skulpturen in ein Haus der Musik. Endlich konnte die junge Witwe ihrer Leidenschaft frönen. Natürlich nur, so weit es ihre Alltagssorgen zuließen, das Geld, die vier Kinder. Einen Teil der Zimmer hat sie vermieten müssen, es kamen Krankheiten, Kuraufenthalte, ihrem Enthousiasmus jedoch hat das keinen Abbruch getan. Sie hat sogar wieder Klavierunterricht genommen, manchmal täglich, wie zu Beginn ihrer Bekanntschaft.

Ja, es gibt Räume in diesem Gebäude, die sind regelrecht getränkt in Töne. Seine Töne, ihre. Die Wände haben sich vollgesogen mit Musik, man müsste es eigentlich sehen können, an einer Verfärbung, einer Verdichtung des Holzes oder einem besonderen Glanz, der anderen Räumen fehlt. In den Ecken dieser Zimmer müsste sich noch der Staub von vielen Noten befinden, der in Stunden und Stunden über die Zuhörer gerieselt ist, den sie sich im Gehen aus den Haaren geschüttelt, von den Kleidern gewischt haben, berauscht, beglückt, vielleicht auch erschüttert von dem, was ihnen zugemutet wurde. Dort wird es einen erst recht in der Nase kitzeln, wenn man für so etwas empfänglich ist.

Der Kaiser blickt ihn an.

Wiens Kaiser: ein bleicher, blasierter Mann mit Stielaugen, der sich leutselig gibt und den es doch graut vor den Leut. Der sie meidet, wie man sich von einer Krankheit fernhält. Zwei Kronen hat er mal getragen, der gute Franz: um größer zu wirken als der andere Kaiser, der klein geratene Korse, sein Konkurrent und Schwiegersohn, der ihn doch himmelhoch überragt in allem, in seiner Intelligenz, seiner Entschlusskraft, seiner Grausamkeit. Ein Monarchentrick, das mit der Doppelkrone. Auch in der Galerie musste man einen Trick anwenden. Man hat den Herrscher von Wien auf ein Pferd gesetzt, auf ein Riesenpferd, von dessen Höhe er auf sein Volk herabblickt mit wächserner Gleichgültigkeit.

Wieder ergreift Unruhe den Besucher. Beide Fäuste im Mantel verborgen, beginnt er, mit den Füßen zu scharren. Wie ein Hund! Wegen der Kälte vielleicht, die Galerie ist schlecht geheizt. Er fragt sich, wem der Blick des Kaisers gilt. Der Geschichte? Den Untertanen? Ihm selbst? Höre, sagt er, an den Monolog von vorhin anknüpfend, höre, Franz, ich habe längst meinen Tribut geleistet, immer und immer wieder habe ich das getan. Gebt dem Kaiser, was des Kaisers ist. Vor drei Jahren beispielsweise, in Pest, erinnerst du dich? Als dir die Ungarn huldigten, als sie dich bekränzten und dein Abbild in den Olymp aufsteigen ließen. *Edler Götter-Sohn! Heil!* Da habe ich, so wie ich jetzt vor dir stehe, dir musikalisch einen Kranz gewoben. Gleißendes A-Dur, mit Trompeten und Posaunen. *Heil unserm König!* Lange her, sagst du? Dann erinnere dich an das Konzert drüben im Redoutensaal – in deiner Hofburg, Franz! –, das Konzert Anfang des Jahres, als das Spektakel wiederholt wurde, damit auch die Wiener in den Genuss meiner Musik kommen. Dreißig Minuten Vorgeplänkel, Mannigfaltigkeit der Empfindung, endlich der Höhepunkt: schwarzer Bass des Hohepriesters, ehrfürchtige Stille – und dann das Aufreißen des Vorhangs, der Blick auf die Büste des Kaisers, Magie der Töne. *Freudenruf aller Anwesenden.*

Der Besucher ballt die Fäuste. Ja, es ist kalt in der Galerie. Dezemberkalt, endjahreskalt. Wo sind deine Heizöfen hin, Müller, die du aufgestellt hast, als du noch lebtest? Und doch ist nichts so kalt wie der Blick des Kaisers, so ewigskeptisch und von oben herab, dass man einen Bittbrief nach Elba schicken möchte … Wenn du wüsstest, Franz, welche Kämpfe man ausficht für die Kunst. Nicht nur mit den Musikern, den Sängern. Mit den Herren Theaterdirektoren vor allem, den Textdichtern und Ausstattern. Besonders um die Kleinigkeiten muss man kämpfen, die Effekt machen: *alles wäre gut, wäre der Vorhang da, ohne diesen fällt die Arie durch … sey's nur ein Vorhang, wenn auch ein Bett-vorhang oder nur eine Art von Schirm, den man im Augenblicke wegnimmt, ein Flor, etc. Es muß was seyn, alle Deutlichkeit geht ohne Vorhang oder etwas ähnliches verlohren! – verlohren! – verlohren! – Zum Teufel alles!*

Der Vorhang war da, immerhin. Nur der Kaiser nicht.

Der Kaiser hat Besseres zu tun, Wichtigeres. Die Trümmer Europas müssen neu zusammengesetzt werden. Deshalb sind sie jetzt in Wien, alle, die Rang, Namen oder Befugnisse haben. Vom Zar bis zum Botschafter, vom Preußenkönig bis zum Bevollmächtigten. Diplomaten, Generäle, Staatskundler, Rechtsgelehrte, Bankiers, Schauspieler, Prostituierte. Die Aufgabe, die ihnen Napoleon hinterlassen hat, scheint unlösbar. Europas Scherben passen nicht mehr zusammen, zu viel ist in der Zwischenzeit geschehen. Sachsen hat sein Existenzrecht verwirkt, Preußen und Russland knurren schon die Mägen. An den Rändern Österreichs und Italiens knirscht es, Dänemark wird nach Westen rutschen. Und Polen? Ach, Polen.

Es werden zähe Verhandlungen. Die natürlich nicht die Gekrönten selbst führen, dazu haben sie ihre Handlanger, ihre Metternich, Gentz, Castlereagh, Talleyrand und wie sie alle heißen. Der Monarch tut, was er am besten kann: repräsentieren. Für etwas anderes stehen. Jede Sekunde eines Herrscherlebens ist ein Symbol: Zeichen für die perfekte Einrichtung unserer Welt. Deshalb reiten Kaiser, Zar und Preußenkönig gemeinsam ein in die Stadt, deshalb speisen und tanzen sie zusammen, besuchen die Gottesdienste, verteilen Geschenke. Gut, es gibt Irritationen. Wenn der Zar im Apollosaal mit den Bürgerstöchtern anbandelt. Wenn sie einen Halbkreis in die Tafeln sägen, bis der Bauch des verfressenen Württembergers hineinpasst. Wenn sich Metternich und der Zar um die gleiche Frau streiten, um anschließend Untertanen zu verschachern, ganze Völker hin- und herzuschieben, als handle es sich um Spielfiguren. Da kann man sich schon einmal fragen, ob sie wirklich optimal eingerichtet ist, die Welt.

Zum Glück gibt es noch die Kunst.

Die Kunst, die alles zurechtrückt, die das Krumme gerade macht, das Harte weich. Denn das ist ja ihr Daseinszweck, nicht wahr: dass sie einem die Symbolhaftigkeit des Lebens recht plastisch vor Augen führt. Man denke nur an das kaiserliche Reiterstandbild, auch wenn das schon ein paar Jährchen auf dem Buckel hat. Symbol! Man denke an die Bilder des Kongressmalers Isabey, die Theaterstücke eines Kotzebue oder die Verse von Dr. Aloys Weißenbach.

Wie da verwiesen wird, auf das Höhere, Bessere des Menschen. Und an die Musik ist zu denken, an die ganz besonders. Ob die Ergüsse eines Weigl, Salieri, Hummel oder Neukomm überleben werden – man weiß es nicht. Aber dass von den Produktionen eines Beethoven mit ihren stark gewürzten Passagen auch spätere Generationen noch einen Genuss haben werden, das steht fest. So behaupten es jedenfalls die Experten, und die müssen es ja wissen. Beethoven ist es sogar gelungen, die vielen Löcher und Risse in den Versen unseres Dr. Weißenbach – der Mann ist Chirurg! – mit Musik zu stopfen. *O seht sie nah und näher treten!* Einen Vorhang gibt es diesmal nicht in seiner neuen Kantate, und doch ist es, als risse der Himmel auf, wenn alles dem Kaiser zujubelt. *Unser Franz!* So schmettern es Chor und Orchester in D-Dur, der Militärtonart, denn der Jubel gilt ja dem siegreichen Landesherrn, dem Heerführer, auch wenn der das Führen lieber seinem Bruder überlassen hat, dem Karl. *Kein Aug ist da, das seinem Fürsten nicht begegnet.*

Und jetzt ist es genau umgekehrt, nimmt der Habsburger den nächtlichen Besucher in den Blick und lässt ihn nicht mehr los. Glasaugen funkeln in Wachsmasse. *Man glaubt in seinem ausdrucksvollen, erhabenen Gesicht alle die Tugenden zu bemerken, die seine Unterthanen beglücken*, heißt es in Müllers schon etwas angestaubtem Galerieprospekt. Gar nicht so einfach, sich diesem Blick zu entziehen – ein Ruck, ein Schwenk auf dem Absatz, dann ist es geschafft. Nur weg hier! Die Mitglieder des Kaiserhauses, *diese hohe Familie*, missachtend, eilt der Besucher weiter, an Friedrich dem Großen vorbei, vorbei an Ludwig XVI. und seiner Gattin, den beiden Unglücklichen.

Aber dann bleibt er doch stehen, ebenso ruckartig. Denn es ist ja kein Zufall, dass Hexenmeister Müller seinem

Publikum zwei Geköpfte präsentiert und neben ihnen den alten, schon vom Tod gezeichneten Preußenherrscher. Der Tod ist nun mal Thema dieser Ausstellung, der geheime Hauptgegenstand einer Galerie, die ihren Gästen Leben vorgaukelt. Die den schönen Schein zu ihrem Endzweck erkoren hat. Und wie bitter schmeckt die Erkenntnis, getäuscht worden zu sein! Unwillkürlich suchst du nach den Schnittspuren am Hals der Marie Antoinette, nach einer Träne im Auge Friedrichs. Hat es da nicht geblinkt? Geseufzt, geschluchzt? Doch es war nur der Widerschein einer einsamen Kerze in der Glasiris, und die Haut der geköpften Königin schimmert, als kämen Guillotinen ausschließlich in Märchen vor.

Der Tod, natürlich. Von dem jede Kunst handelt. Einen Moment lang hat er es vergessen, im stummen, dummen Dialog mit dem Kaiser. Weil er von diesem stechenden Habsburgerblick so gefangen war! Weil er sich ablenken ließ. Er hätte nur kurz zur Seite blinzeln müssen, dann wäre das nicht passiert. Dort drüben, unübersehbar eigentlich: eine von Müllers Hauptattraktionen, ein Gebäude im Gebäude. Wie soll man es nennen: Denkmal, Tempel, Mausoleum? Unwichtig, sagt sich der Besucher, denn viel wichtiger als der alte Haudegen, dessen hier gedacht wird, wichtiger als Kaiser Joseph, der seinem General zur Seite steht, wichtiger als alle Beleuchtungstricks, als das Figurenarrangement, als die Pendeluhr ist das, was sich hier jede Stunde genau einmal ereignet, für die Dauer von acht Minuten.

Man steht also in der Galerie und wartet. Friert. Sieht den Zeiger der Uhr auf die volle Stunde vorrücken, wartet, denkt an die Taten des ruhmreichen Generals, lässt den Blick über den trauernden Genius streichen, den gerüsteten Mars, das dankbare Türkenmädchen, und dann passiert es. Der Minutenzeiger erreicht den Scheitelpunkt. Eine

Orgelwalze setzt sich in Bewegung, eine Musik erklingt. Aber nicht irgendeine Musik, keine Gelegenheitsarbeit eines Melodienflechters von der Landstraße, sondern eine Fantasie, die Müller vor über zwanzig Jahren persönlich in Auftrag gegeben hat. *Eine durch den unvergeßlichen Tonkünstler Mozart eigends dazu komponirte passende Trauermusik.* Und plötzlich ist alles anders, zerfließen Schein und Sein in eins. Ein solches Wunder gelingt eben nur der Musik: Leben und Tod miteinander zu versöhnen. Der wächserne General und der wächserne Kaiser, so milde sie auch lächeln, fesseln nur kurz. Im nächsten Augenblick bist du ihrer und ihrer Künstlichkeit überdrüssig. Musik dagegen ist beides, Illusion und Wahrheit, in einem Atemzug, einem Luftzug. Vielleicht, weil sie in dir ist, weil du sie nicht anfassen kannst wie eine Statue? Weil du selbst in diesem Moment die Trauer bist, die Klage, der Trost?

Der Besucher weiß es nicht. Er weiß nur, dass eben einer durch den Raum geschritten ist, mit gewaltigen, lautlosen Schritten. Einer, der es hinter sich hat. Mozart starb ein Jahr, nachdem er die f-Moll-Fantasie komponiert hatte.

Und wer hat Mozart damals die Totenmaske abgenommen? Graf Deym, unter dem Namen Müller. So schließt sich der Kreis. Seltsam, dass es in der Galerie kein Bild von Mozart gibt, keinen Gesichtsabdruck, keine Büste. Wenn jemand den Frühverstorbenen ins Leben oder wenigstens in die Erinnerung zurückholen kann, dann Müller, der ihm so nahe gekommen ist wie kaum ein anderer.

Von Haydn zum Beispiel existiert eine solche Büste. Sie steht bei Metternich, in seiner Villa draußen am Rennweg. Und sollte es zutreffen, was Berufene erklärt haben, dass nämlich auf ihr jede Falte, jede Narbe, ja sogar einzelne Poren in der Haut des Komponisten zu erkennen sind, dann kann man sich vorstellen, dass auch der Fürst nach dem Aufstehen ein Schwätzchen mit dem Schöpfer der Kaiserhymne hält, bevor er sich der Neuordnung Europas widmet. Zum Beispiel könnte Metternich fragen, warum Haydns Hymne so getragen, regelrecht milde daherkommt, ganz anders als die alles niederschreiende Marseillaise mit ihren Jerichotrompeten. Ob der Herr Tonsetzer seine Landsleute für derart weich und bieder halte? Man müsse sich nur ausmalen, was ein Beethoven an seiner Stelle geliefert hätte. Kein Stein wäre da auf dem anderen geblieben, nicht wahr? Aber schon rufen die Geschäfte, und der Fürst verabschiedet sich.

Diese Haydn-Büste stammt ausnahmsweise nicht vom Hexenmeister Müller, es gibt ja noch weitere begabte Bossierer in Wien. Hergestellt wurde sie vom Thaler Franz, einem Tiroler, der jetzt alle Hände voll zu tun hat, dabei ist er schon jenseits der 50. Sein Auftrag: jeden der ankommenden hohen Herren in Gips abzubilden, die Damen, sofern vorhanden, natürlich auch. Kaiser und Zar, die Könige von Bayern, Württemberg, Dänemark und Preußen, Badener und Sachsen. Sobald die gekrönten Gipsköpfe fertig sind, wird es eine Ausstellung im kaiserlichen Sommerpalais geben, ein Walhall der Gegenwart gewissermaßen, und dann fragt es sich, wer die Galerie im Müllerschen Hause noch besuchen wird.

Beethoven – da von ihm gerade die Rede war – wurde bereits in Gips verewigt. Vorletztes Jahr kam der rührige Klavierfabrikant Streicher auf die Idee, seinen Verkaufsraum mit den Büsten lebender Musiker zu schmücken. Ein Künstler-Walhall, hübsch eigentlich. Aber die Umsetzung, man stelle sich vor: Beethoven, der Freigeist, der Ruhelose, gezähmt von einer klebrigen Masse, Geisel des Gipses für mindestens dreißig Minuten. Das konnte nicht gut gehen.

Atemnot, Beklemmungen, Ekel, Sinnlosigkeit des Vorhabens! Wenn das Leben an zwei Strohhalmen hängt, viel zu dünnen Strohhalmen, die aus der Nase des Genies ragen! Entwürdigend ist das. Wer denkt sich solche Torturen aus? Man könnte meinen, die Welt bestehe nur noch aus Kopisten. Aus Nachahmern, Abnehmern, Gegenbildnern. Anstatt den Charakterkopf aus Stein zu meißeln, wie es ein anständiger Künstler tut! Anstatt sich ihm zu nähern! Wie ja auch ein Beethoven beim Komponieren verfährt, wenn er Note für Note meißelt, bis das Porträt eines Coriolan, eines Egmont gelungen ist.

Eine grässliche Sitzung. Erst der zweite Versuch glückte, in technischer Hinsicht wenigstens. Künstlerisch dagegen … Ist im so entstandenen Ebenbild auch nur eine Spur von musikalischer Begabung zu entdecken, ein Funken Genialität? Oder bloß Wut über den Folterknecht mit dem sprechenden Namen: Klein?

Vielleicht, nein: ganz bestimmt hätte es Deym-Müller besser hingekriegt. Aber der weilt ja schon lange nicht mehr unter uns.

Dass diese Galerie etwas Besonderes ist, spüren jedenfalls alle. Wie hier die Grenzen zwischen Wahr und Falsch eingeebnet werden, wie Übergänge entstehen zwischen Schein und Sein – das lässt keinen kalt. Ein echter Spieler, der Graf Deym. Wo dir andere nassen Gips ins Gesicht klatschen und denken, damit sei es getan, fängt der erst an. Nehmen wir die wächserne Dame dort drüben, die im Negligé am Klavier sitzt. Sie ist nicht nur hübsch anzuschauen, ihre Finger greifen auch einen korrekten Akkord. Und wenn die nebenstehende Uhr zur vollen Stunde ein Klavierstück hören lässt, fühlst du dich wie im Konzert. Wenigstens für einen Moment. Deym hat sogar Pan zum Musiker gemacht, einen Waldschrat mit albernen Hörnern und Ziegenfüßen und einer Neunröhrenflöte, die er an- und wieder absetzt. Plötzlich schweben Hirtenweisen passend dazu durch den Raum, als kämen sie tatsächlich aus dem modellierten Mund und nicht aus dem eingebauten Spielwerk.

Es gibt auch einen Spanier, der Melodien auf einer kleinen Flöte bläst, was dem Besucher ein grimmiges Lächeln entlockt, schließlich wurde er selbst in seiner Jugend Spagnol gerufen, wegen seines südländischen Teints. Der Automatenspanier legt seine Finger auf die Luftlöcher, holt Atem und musiziert. So einfach ist das im Hause Müller. Aus einer Kristallpyramide tönt es gläsern, in einem Vogelbauer hüpft und pfeift ein Kanarienvogel, zwei Buben blasen ein Duett. All das ist wahrhaftig, leibhaftig zu hören, sofern man zum richtigen Zeitpunkt vor den Automaten steht, aber noch viel angenehmer ist es, den Stücken mit dem inneren Ohr zu lauschen, weil man dann jeden Ton vernimmt, ohne störende Nebengeräusche durch die Bewegung der Walzen, die Berührung der Stifte oder das Ineinandergreifen der Zahnräder. Und vor allem ohne Beeinträchtigung durch einen beschädigten Gehörgang, in dem die eindringenden Wohlklänge so lange hin und her geworfen werden, bis sie zum Klangbrei, zum Dauerrauschen mutieren.

Deshalb wendet sich der Besucher lieber einem anderen Objekt zu, einem, das keine Töne produziert und ihn gerade deshalb in seinen Bann zieht: die selbst schreibende Wundermaschine des Hofmechanikus Knauss. Wenn man sieht, wie die eine der beiden Wachshände die Feder führt und je nach Einstellung den gewünschten Buchstaben zu Papier bringt; wenn man sieht, wie die andere beständig Tinte nachreicht, wie die Feder ins Fass eintaucht, wie die Hand nach rechts rückt und das Papier bei Zeilenwechsel nach oben gezogen wird – dann erscheinen einem all diese Vorgänge so rätselhaft, so überwältigend, dass man sich in der Zukunft wähnt. In eine neue Epoche katapultiert. Dabei ist der Apparat ein halbes Jahrhundert alt! Jetzt, denkt der Besucher, müsste man noch einen Schritt weitergehen, den entscheidenden Schritt von der Nachahmung zur Schöpfung, und der Maschine beibringen, eigene Texte zu entwerfen. Gedichte, Novellen, Tragödien. Das wäre eine Attraktion!

Gibt es noch eine Steigerung? Vielleicht im nächsten Zimmer. Es beherbergt einen einzigen Automaten, der einen nach hinten sich verjüngenden Turnierplatz zeigt: Bühne für ein ritterliches Schauspiel in fünf Akten. Eine Uhr schlägt, das Tor öffnet sich, Pauken und Trompeten, das Turnier beginnt. Es wird salutiert, man reitet los, legt an, Lanzen splittern, Reiter stürzen zu Boden, Knappen eilen zu Hilfe. Zwischen den Szenen Trompetenstöße und munteres Glockenspiel, dann werden Mohrenköpfe auf Spießen ausgestellt und im Reiten heruntergestochen, und das geht so weiter, Lanze für Lanze, Kopf für Kopf, bis die Musik aus ist und das Tor wieder zu.

Ja, denkt der Besucher, berauscht und ernüchtert zugleich, das ist die Gegenwart.

Die Gegenwart ist ein Ritterturnier. Wenn die Zukunft des Kontinents in den Sternen steht und seine Vergangenheit in den Geschichtsbüchern, bleibt einem nur der Augenblick. Und weil der so schrecklich profan ist, so sandkorntrocken, muss er inszeniert werden. Also taucht man die Hofreitschule in gleißendes Licht, schmückt sie mit Rüstungen, Waffen und Herolden, spielt funkelndes Mittelalter. 24 Kavaliere auf ungarischen Streitrössern reiten herein, 24 Damen hoffen auf den Sieg ihres Auserwählten. Man applaudiert den Regenten, diese applaudieren zurück. Fanfaren – es geht los! Lanzenstechen, Säbelhiebe, das Rollen der obligatorischen Sarazenenköpfe. Furchtbare Kämpfe, mit Augenzwinkern ausgeführt: Lebende Menschen stellen Deyms Automaten nach. Das Früher soll das Heute vor der Zukunft retten. Der Moment kostümiert sich. Zum Abschluss ein Tanz, hinterher Bankett, Ball, Lieder der Minnesänger.

Nur der Zar musste passen: Grippe. Das Spiel soll für ihn wiederholt werden, heißt es. Als Kopie der Kopie gewissermaßen.

Aber das ist typisch für diesen Kongress, der Vergangenheit und Gegenwart bis zur Ununterscheidbarkeit miteinander vermengt. Den ganzen Herbst über gedenkt man Verstorbener, errichtet Denkmäler, besucht Kriegsschauplätze. Und man spielt nach, auf der Bühne, in lebenden Bildern, mit den Mitteln von heute. Die Leipziger Völkerschlacht zum Beispiel, die ja erst ein Jahr her ist, oder der große Brand von Moskau. Das Theater in der Jägerzeile zeigt sie beide, als riesige, belebte Panoramen. Unter den Schlachtfeldern verrichten Walzen, Schrauben, Federn und Räder ihr stilles Werk, darüber fallen die Soldaten in vorberechnetem Takt. Ein präzises, mechanisches Sterben, wie ja auch rund um die Stadt Leipzig gestorben wurde: nicht mehr heroisch einzeln, sondern en gros, anonym, nach Maschinenart. Drei Tage, mehr benötigt der Militärapparat nicht, um 100.000 Menschen auf die andere Seite des Lebens zu befördern. Russen, Preußen, Österreicher, Franzosen, Schweden. Vorhandene Reste flickt der Feldscher zusammen. Und um die Zivilisten kümmert sich Kamerad Typhus.

Das ist die neue, die Leipziger Zeitrechnung. In Wien gedenkt man ihrer mit einem großen Fest im Prater. Die Überlebenden sitzen an langen Tafeln im Freien, es ist ein schöner Oktobertag, es gibt Suppe mit Knödeln, Rindfleisch mit Sauce, Braten, Krapfen, Semmeln und Wein. Versehrte und Veteranen prosten einander zu. Ein Herr von Kern propagiert seinen Amputationsapparat; wo rascher gestorben wird, muss auch rascher behandelt werden. Später geht es zur Jagd, nach Lainz, in den Wiener Westen. Die gekrönten Häupter stehen gemäß ihrer Rangfolge nebeneinander, warten auf Wild, und sobald dieses vor ihre Gewehre getrieben wird, schießen sie. Ebenfalls nach Rangfolge. Schon bald türmen sich die Kadaverberge.

Im Hause Müller sind keine Waffen zu sehen. Erstaunlich eigentlich, wo doch nichts die Massen so unfehlbar anlockt wie eine Muskete aus den Türkenkriegen, ein geschwungener Sarazenensäbel, ein Bajonett, an dem noch Franzosenblut klebt, oder eine Kanonenkugel aus den Trümmern der Mölkerbastei. Aber es gibt sie nicht. Graf Deym, in jungen Jahren selbst beim Militär, hat sich und seine Galerie ganz der Zivilkunst verschrieben, dem waffenlos schönen Schein.

Es sei denn …

Der Besucher stockt. Er steht schon vor der Tür zum letzten Raum, seine Hand umfasst den Türgriff, als er merkt, wie ihm dieser Gedanke in die Quere kommt. Und er kann nichts dagegen tun! Es sei denn, lautet der Gedanke, man gebraucht das Wort »Waffen« in einem allgemeineren Sinn. Nicht als Bezeichnung für Tötungswerkzeuge aus Metall und Holz, sondern für jedes Mittel, das der Überwindung eines anderen dient, und sei es noch so abstrakt. Das gesprochene Wort kann so ein Mittel sein. Die Gewalt der Töne. Und: Die Waffen einer Frau.

Waffen. Der Frau.

Die Hand noch immer um den Türgriff, senkt der

Besucher den Kopf und schließt die Augen. Vor Ärger. Wegen seiner Machtlosigkeit. Dass sich solche Gedanken nicht unterdrücken lassen! Dabei hasst er es, dieses Geschwätz vom Geschlechterkampf, von der Frau, die erobert, vom Mann, der verführt werden muss. In einer Partnerschaft sollte Frieden herrschen, Verzicht auf Waffen. Doch die Welt sieht das anders. Die Welt will das Spektakel, sie liebt das Duell. Der Raum, den er gleich betreten wird, dieser letzte, gerüchteumwobene Raum galt schon immer als Höhepunkt der Ausstellung, für ihn wurde sogar extra Eintritt fällig, und nach Deyms Tod hat die Witwe keinen Anlass gesehen, daran etwas zu ändern. Die Arme der Kunst stehen weit offen, hat Gräfin Josephine gesagt; außerdem brauchte sie das Geld.

Und so drückt der Besucher den Griff nach unten und stößt die Tür auf, um über die Schwelle zu treten. Hält dann aber mitten in der Bewegung inne. Man stürmt nicht einfach so in ein fremdes Schlafzimmer. Wo andere ruhen, sich kämmen, lesen, sich im Spiegel betrachten. Anstand!

Dann tut er den Schritt doch. Herrgott, es sind Wachsfiguren!

Lässt die Tür zögernd ins Schloss fallen. Aber sie bewegen sich!

Immer mit der Ruhe. Sie bewegen sich nicht. Es wirkt nur so. Das Kerzenlicht, die gedämpfte Beleuchtung, die täuschende Nachahmung. Und vor allem: die Fantasie des Betrachters, die aus einem angewinkelten Arm eine Geste macht, aus einer hochgezogenen Braue einen vorwurfsvollen Blick.

Es sind bloß Wachsfiguren.

Trotzdem hat der Besucher das Gefühl, etwas Verbotenes zu tun. In einen intimen Bereich einzudringen. Verfluchter Graf Deym! Nichts anderes war seine Absicht, von

Anfang an. Deshalb der Extragulden, der für den Besuch dieses Zimmers zu entrichten war, deshalb sein Dauerkonflikt mit der Zensurbehörde. Schlafgemach der Grazien – allein der Titel ließ die Wiener Schlange stehen. *Reizend, aber unschuldig ... nach der Natur geformt*, versprach der Hausherr. *Ärgerliche Figuren ... wider alle Sittlichkeit*, urteilten die Hofbeamten. Was nicht als kunstverbrämt galt, musste verhüllt werden, weggesperrt, manches zerstört.

Es ist immer noch viel nackte Haut übrig geblieben, denkt der Besucher. Um im nächsten Moment nach Luft zu schnappen: Jetzt hat er doch etwas wahrgenommen, eine Bewegung, drüben in der Ecke. Dort steht eine Dame, elegant gekleidet, leicht geneigter Kopf. Und? Atmet sie? Spricht sie? Wieder eine Täuschung, wieder nur eine Plastik! Aber so menschenecht, von der Haltung bis zum melancholisch schimmernden Auge. Noch als Toter treibt Deym seine Spielchen. Jedes Objekt ein Blickfang, jede Figur ein Vexierbild. Die Schöne auf dem Bett wird gleich aufwachen, ganz bestimmt. Wessen Gesichtszüge trägt die Person, die dort am Tisch sitzt? Wann hört die junge Frau daneben mit Kämmen auf?

Da ist so viel Verwirrendes, Widersprüchliches in dem Raum, dass der Besucher keinen weiteren Schritt unternimmt. Er bleibt einfach stehen, wo er ist, und lässt die Blicke schweifen. Versucht, sich auf Details zu konzentrieren, auf Handwerkliches wie die fein modellierten Adern an den Armen der Schlafenden oder die Kolorierung der Haut. Selbst die unterschiedliche Blutverteilung in den Gliedmaßen eines ruhenden Mädchens hat Deym, dieser Teufel, nachgebildet.

Gut. Bleiben wir bei den Details. Bei den kleinen Dingen: den Zehennägeln, den Ohrläppchen, den Rückenwirbeln, dem Faltenwurf der Hemden ... Warum gelingt es nicht? Warum gerät immer wieder das Ganze in den Blick, die Haltung, der Körperbau, die Ausstrahlung? Liegt es an der Illumination, dem sanften Licht von Lampen aus Glas und Alabaster, die Müller an verschiedenen Stellen des Raums angebracht hat? Vermutlich. Mehr noch aber liegt es an dem, was zu hören ist. Erst jetzt fällt dem Besucher auf, dass da etwas klingt, dass über all dem Rauschen und Pochen in seinem Kopf Flötentöne schweben, geschwungene Linien, eine zuckrige Einladung, sich zu entspannen.

Nein, denkt der Besucher grimmig. So kriegst du mich nicht, Graf Deym. So nicht! Ich bin aus freiem Willen hier, mit deinen Spielchen habe ich nichts zu tun. Aus Nostalgie, hab ja oft genug hier musiziert. Oft! Demnächst werde ich es wieder tun, mit echten Menschen, vor lebendigen Zuhörern. Deine Galerie dagegen … ist bloß eine Galerie. Ein Museum. Gegenstände, lauter Gegenstände.

Und nach dieser stummen Ansprache ist er endlich in der Lage sich loszureißen, einen Schritt ins Zimmer zu tun, ganz gleich, wie schwer die Dielen unter seinen Schuhen ächzen. Plötzlich ist es laut im Schlafgemach, auf vulgäre Art laut, aber niemand erhebt sich von seinem Lager, niemand protestiert. Er geht an der schlafenden Schönen vorbei, streift Amor und Psyche mit einem Blick, mustert die Kämmende, die Sitzende. Die Dielen knarren. Als ihm ein Brummen entfährt, merkt er, wie schön das zu dem Knarrgeräusch passt, wie eine Melodiestimme zum Basso continuo, und er wiederholt das Gebrumm. Brummend, knarrend, ab und zu ein helles Räuspern einwerfend, nähert er sich einer weiteren Figur, einer Venus, die dem Betrachter ihre Rückseite zuwendet. Genau genommen sind es sogar drei Figuren, denn schräg rechts und links der Venus sind zwei Spiegel so aufgestellt, dass sie gleichzeitig auch von vorne zu sehen ist. Diese Dreiergruppe soll einem antiken

Original nachempfunden sein, aber was heißt schon Antike, wenn das Wesentliche ganz im Hier und Jetzt ankert. Das Wesentliche besteht in diesem Fall aus einer glänzenden, dem menschlichen Fleisch bis zur Verwechslung ähnlichen Modelliermasse, einer indiskreten Bemalung sowie der Lust an schockierenden Details. Unter einem knallroten, gereff-ten Umhang drängen die fleischfarbenen Pobacken der Göt-tin hervor wie zwei zum Bersten gefüllte Ballons, und die Pracht ihrer dunklen Schambehaarung muss Graf Deym einzeln, Haar für Haar, im Wachs versenkt haben.

Ja, denkt der Besucher, während es in ihm brummt und summt, da ist sie wieder, die Gegenwart mit ihrer rohen Gewalt. Hier siegt sie über alle Anmutungen der Vergan-genheit. Wie sie es auf dem Gebiet der Fleischeskunst wohl immer tut. Ein leichter Sieg, Graf Deym.

Im nächsten Moment niest eine der Figuren.

Zu behaupten, der Besucher würde zusammenzucken, wäre eine Untertreibung. Er macht einen Luftsprung – und das in seinem Alter, er ist schließlich schon über 40! Gleichzei-tig stößt er einen Schrei aus, reckt im Springen beide Arme, und nicht nur das, er dreht sich auch halb um die Achse, so dass er in ganz anderer Position auf den stöhnenden Die-len landet, als er sie verlassen hat. Bemerkenswert aber ist etwas anderes.

Bemerkenswert ist die Tatsache, dass sich zwischen die-sen beiden Ereignissen, dem Niesen auf der einen, dem Sprungschrei auf der anderen Seite, eine Lücke auftut. Eine markante, jeglichen menschlichen Reflexen spottende zeit-liche Lücke. Der Besucher reagiert, aber er reagiert mit Ver-spätung. Und dies nicht etwa wegen seiner Hörprobleme – das Niesen hatte Posaunenstärke –, sondern weil es ihm für den Moment offenbar völlig normal vorkommt, dass sich eine der Statuen derart äußert. Anders gesagt: Der Besucher der Galerie, vertieft in die Betrachtung der nackten Grazien, glaubt sich von lebendigen Menschen umgeben. Wenigstens in diesem Augenblick glaubt er es. Und Menschen niesen nun einmal.

»Entschuldigen Sie«, sagt die Figur. »Ich wollte Sie nicht erschrecken.«

Es ist die Elegante von vorhin. Die mit dem melancholischen Blick. Also hat er sich doch nicht getäuscht. Da war eine Bewegung! Und nun wieder – die Dame zupft an ihrem Kleid, macht ein paar vorsichtige Schritte, wie man sie tut, wenn man von einem Podest herabsteigt, und kommt auf ihn zu. Erst jetzt fällt ihm auf, dass sich hinter ihrem aparten Äußeren eine gewisse Körperfülle verbirgt.

»Ich dachte, ich sei alleine in der Galerie«, hört er sie mehr seufzen als sprechen. »Und als Sie kamen, hatte ich Angst. Ein bisschen Angst, verstehen Sie? Deshalb habe ich mich still verhalten, ganz still.« Ihr Deutsch ist fließend, mit einem hübschen französischen Akzent als Beigabe.

Der Besucher nickt. In seinem Kopf dröhnt es, rauscht es derart heftig, dass er höchstens die Hälfte von dem versteht, was sie sagt. Ihre Entschuldigung hat er vernommen, aber die ist überflüssig. Die Schuld liegt einzig und allein bei Graf Deym und seinem Figurenschlamassel, diesem Durcheinander von echten und nachgeahmten Wesen.

»Habe ich Sie schlimm erschreckt?«, sorgt sich die falsche Statue. »Das tut mir leid.«

Er schnaubt und winkt ab. Unter seinen Füßen knarrt es leise.

»Der Staub, wissen Sie?«, erklärt die Dame.

»Bitte?« Er legt eine Hand hinter das Ohr.

»Staub«, sagt sie mit erhobener Stimme. »Er hat meine Nase … er hat darin …«

Sie bricht ab und schaut ihn an. Mit einem Lächeln, in dem eine Aufforderung liegt. Irgendwann kann er nicht mehr anders, als ihr zu helfen. »Gekitzelt«, bricht es aus ihm heraus. Gleichzeitig schüttelt er den Kopf. Staub. Niesen. Lachhaft! Nebensächlich! Der Mensch lebt in einem Irrgarten, einem Panoptikum von Wahr- und Falschheiten, die sich ähneln bis zur Ununterscheidbarkeit, das ist der Punkt. Deshalb diese dauernden Missverständnisse und Verwechslungen. Die Dame kann nichts dafür, er auch nicht. Hätte sie sich bei seinem Eintreten bemerkbar gemacht, wäre sie auf ihn zugegangen, um ihn willkommen zu heißen, dann hätte er sie vermutlich für einen besonders raffiniert konstruierten Automaten gehalten.

Er stutzt. Vielleicht ist sie das ja auch.

Deyms fleischfarbene Modelliermasse sollte man nicht unterschätzen. Zudem lässt die schummrige Beleuchtung manches verschwimmen. Und die Flötenuhr lockt nach wie vor mit ihren Verführungsangeboten.

»Vielen Dank«, sagt die Frau. »Darf ich mich vorstellen?«

Sie nennt einen Namen, sehr lang, sehr melodiös, er meint, ihm schon einmal begegnet zu sein, vielleicht in einer Cherubini-Oper oder im Fremdenregister eines mondänen Kurorts, aber letztlich klingen französische Namen alle gleich.

»Angenehm«, knurrt er. Natürlich, jetzt wäre die Reihe an ihm, sich vorzustellen, aber dazu verspürt er keine Lust, nicht die Geringste. Sein Plan war es, unerkannt hier zu sein, die Galerie ganz alleine zu durchstreifen, im Bann der Erinnerungen – deshalb der Zeitpunkt spät am Abend, an einem Tag, den der Rest der Stadt im Familienkreis oder bei einer der vielen Feste verbringt. Im Palais Rasumowsky zum Beispiel, mit den gekrönten Häuptern.

Also, was tun? Er könnte einen falschen Namen nennen. Einen nom de guerre, in Erinnerung an den propagierten

Geschlechterkampf. Spagnol. Luigi. BTHVN. Bevor er sich einen ausdenken oder auch nur den Mund öffnen kann, legt die Dame eine Hand aufs Herz und sagt: »Es ist mir eine große Ehre, Sie kennenzulernen, Herr von Beethoven.«

Van, denkt er. Es heißt nicht von, sondern van Beethoven. Praktisch jeder in dieser verdammten Stadt, in der er seit 20 Jahren lebt, macht diesen Fehler. Einen durchaus angenehmen Fehler, nebenbei gesagt, denn so gilt er vielen als Adelsspross, trotz seiner ungeschliffenen Manieren. In seinem Bekanntenkreis weiß man mittlerweile, dass es sich bei diesem van bloß um eine niederdeutsche Herkunftsbezeichnung handelt, keinen Adelstitel; bis nach Frankreich dagegen scheint sich das noch nicht herumgesprochen zu haben.

Aber soll er das einer Fremden auf die Nase binden?

»Sie kennen mich?«, bringt er mit Mühe heraus.

Die Französin nickt. Dann seufzt sie schwer, ohne konkreten Grund, wie es scheint, und zeigt auf das Bett, das Müller mitten im Raum platziert hat. »Sollen wir uns nicht setzen? Es plaudert sich schlecht im Stehen.«

Beethoven will etwas einwenden, aber zu spät. Entsetzt sieht er zu, wie die Dame ihr mächtiges Gesäß auf die Matratze plumpsen lässt. Das Bett gerät ins Schwanken und mit ihm die schlafende Schöne aus Wachs. Die eine Dame wirft der anderen einen prüfenden Blick zu, und als sich kein Protest erhebt, zeigt sie auf den Platz neben sich. »Bitte, Herr von Beethoven.«

»Danke«, krächzt er. »Ich stehe lieber.«

»Wie Sie möchten.«

»Ja.«

Aus lauter Verwirrung zieht er seine Brille ab und beginnt, die Gläser am Hemdsärmel sauber zu wischen.

Vielleicht ist diese Geste auch gar kein Zeichen von Verwirrung, sondern der Versuch, Abstand zu gewinnen, den Nebel der Kurzsichtigkeit zwischen sich und die fremde Dame zu legen. Ohne Brille hat er den besseren Blick auf die Situation: nicht obwohl, sondern weil er die Umrisse seines Gegenübers nur verschwommen wahrnimmt. Und diese Umrisse zeichnen in der Tat das Bild einer fülligen Dame, eines üppigen Körperbaus, keine Spur mehr von der anfänglich unterstellten Eleganz. Sie ist ein Stück größer als er, aber dazu gehört nicht viel. Gut, dass sie sitzt. Ihre Stimme, die ihm im ersten Moment angenehm, ja sogar eine Spur erotisch vorkam, was sicher am französischen Akzent lag, hat eine herbe, um nicht zu sagen ordinäre Note. Außerdem ist die Dame keineswegs jung, sondern mindestens in seinem Alter, eher noch ein paar Jährchen älter. Sie trägt einen Wintermantel, wie er ihn noch nie gesehen hat, geschmackvoll und extravagant zugleich.

»Im Grunde ist es ernüchternd«, tönt es durch den Nebel. »Nicht wahr? Diese Einblicke, diese schamlose Genauigkeit … Man könnte es realistisch nennen, sicher, aber wer wird schon gern mit der Realität konfrontiert? Sie vielleicht?«

Beethoven schweigt. Was heißt hier Realität? Sind die zerfließenden Linien der Dame im Nebel real? Oder die halbwegs scharfen Konturen, die seine Brille der Netzhaut offeriert? Es gibt doch immer zwei Seiten, zwei Betrachtungsweisen derselben Sache. Kalte Anatomie und sinnliches Begehren. Material und Aura. Kontrapunkt und Zauber.

»Wissen Sie eigentlich, wer ich bin?«, hört er die Französin sagen.

Was soll die Frage? Er zuckt mit den Achseln. Ihren Namen hat sie genannt. Der sagte ihm nichts, und er hat ihn auch schon wieder vergessen.

»Sie haben keine Ahnung?«

Er setzt die Brille wieder auf. Ihm ist etwas eingefallen. »Wie sind Sie in die Galerie gekommen? Wer hat Sie hereingelassen?«

»Ich kenne die Besitzerin.«

»Sie kennen ...?« Er zögert. Josephine? Man kennt sich? Ist vielleicht befreundet?

»Die Gräfin Deym, richtig.«

»So?«

»Sie kennen Sie ja auch.«

Nun nimmt er doch Platz. Bringt das Bett und die schöne Schlafende zum Schaukeln, legt die Hände in den Schoß, brütet vor sich hin. Man kennt sich, ja. Kennt sich, erkennt sich. Sofern man das von einem anderen Menschen überhaupt sagen kann. Man kennt sich ja selbst kaum.

»Es geht ihr nicht gut«, seufzt die Französin.

»Was?« Sein Kopf fährt herum. Von wem redet die Frau? Immer noch von der Gräfin?

»Sie vermisst ihre Kinder.«

»Ich weiß«, murmelt Beethoven. »Ich weiß.« Erst jetzt fällt ihm auf, dass die Flötenuhr nicht mehr spielt. Sie scheint ihre klebrige Arbeit schon vor einer ganzen Weile eingestellt zu haben.

Nein, Josephine geht es nicht gut. Wer wüsste das besser als er? In letzter Zeit haben sie sich kaum gesehen, die Sache mit den Kindern hat alles überlagert. Krank war sie auch, wie so oft. Wenn es zu einer Begegnung kommt, dann immer nur in offiziellem Rahmen, unter Beobachtung. Hier der Komponist, dort die Gräfin aus Ungarn: Man spricht über Musik, tauscht Ratschläge aus, hilft einander, wo es geht. Im Streit um die Kinder kann er ihr nicht helfen. Josephines zweiter Mann hat sie ihr weggenommen, im Mai, einfach so, wie Möbelstücke, die ihm gehören. Seine eigenen natürlich nur, nicht die Deym-Kinder, obwohl er auch das gern getan hätte. Vier, drei und eins waren sie damals. Lass sie mir, hat Josephine gefleht, ich habe sie ja mit Schmerzen geboren. Aber da stand die Polizei schon vor der Tür.

Seitdem: keine Nachricht von den Kleinen. Verschollen im Baltikum. Und der Vater, wie heißt er noch? Stackelberg, richtig, genau wie dieser russische Diplomat, die rechte Hand des Zaren. Das muss man sich einmal vorstellen! Der eine schiebt Sachsen und Polen von A nach B, der andere verschleppt drei hilflose Kinder nach Livland.

Der große Menschenschacher des Jahres 1814.

Die Französin lacht. Es ist ein tiefes, glucksendes Lachen, das einem großen Resonanzkörper entspringt. Und einer großen Selbstsicherheit. »Sie scheinen wirklich nicht zu wissen, mit wem Sie es hier zu tun haben, lieber Beethoven.«

Er springt auf, wütend. Was soll diese Geheimnistuerei? Eben noch Mitgefühl für die Hausherrin, und jetzt wieder Ich, Ich, Ich. Wer wird sie schon sein, diese Frau! Irgendein Kongressgast, was sonst? Diplomatengattin, zweitrangige Adlige, Witwe eines Kapitäns. Bestimmt aus Talleyrands zwielichtiger Entourage. Warum soll ausgerechnet er ihre Geschichte kennen?

Sie wiederholt ihren Namen. Ob der ihm wirklich nichts sage.

»Nein!«, ruft er, schüttelt den Kopf, fuchtelt mit den Händen, und was man sonst so tut, um die Verneinung zu verstärken.

»Ich bin Leonore.«

Er schweigt.

»Léonore.« Jetzt spricht sie den Namen französisch aus.

Und fährt fort: »Bouillys Léonore. Sein Vorbild. Und Sie, Beethoven, haben mich vertont.«

Im Kabinett herrscht Stille. Große Stille, selbst die Wachsfiguren scheinen zu lauschen. Beethoven runzelt die Stirn so heftig, dass es fast schmerzt. Was redet die da? Natürlich hat er eine Leonore komponiert. Eine deutsche Leonore, nach dem Libretto von Sonnleithner, das der gute Breuning und dann Treitschke ... egal. Jedenfalls hat seine Leonore nichts mit der Dicken auf Müllers Bett zu tun. Überhaupt nichts!

»O doch«, lächelt die Frau. »Ich bin Ihre Leonore.«

Er fühlt Zorn in sich aufsteigen, heiligen Zorn. Was erdreistet sich diese Französin, ihn zu belehren? Ihre Landsleute haben den Krieg verloren, als Bittsteller kommen sie nach Wien, aber wenn es um Kultur geht, wollen sie immer das letzte Wort haben, immer.

»Sie verwechseln mich, Gnädigste«, bricht es aus ihm heraus. »Mit ... keine Ahnung! Paër wahrscheinlich. Ja, bestimmt mit Paër. Der liebt es, für Damen wie Sie zu schreiben.«

»Moment, ein Missverständnis. Ich bin keine Sängerin. Ganz im Gegenteil, ich bin sogar ziemlich unmusikalisch. In die Oper gehe ich trotzdem gerne. Und zuletzt habe ich Ihre Oper gesehen, Monsieur. Die Leonore.«

»Fidelio.«

»Richtig, Fidelio. Ich nehme an, Sie haben den Titel wegen der Verwechslungsgefahr gewählt. Sie sind ja nicht der einzige, der aus der Geschichte was gemacht hat. Bouilly jedenfalls hatte ein real existierendes Vorbild für seine Léonore. Und das, lieber Beethoven, war ich.«

»Ha!«, platzt es aus ihm heraus. Was da platzt, ist ein Lachen, ein ziemlich unhöfliches, um ehrlich zu sein, das er im Moment des Erklingens umzubiegen versucht zu etwas anderem, Unbestimmtem. Hoffentlich ist die Dame nicht beleidigt.

Aber sie lächelt nur nachsichtig. »Bedenken Sie, das Ganze ist zwanzig Jahre her. Mehr als zwanzig Jahre.«

Beethoven versucht sich vorzustellen, wie sie vor gut zwei Jahrzehnten aussah. Dass sein Blick dabei auf Müllers nackte Venus fällt, ist keine Hilfe. Außerdem: Warum überhaupt? Warum sich etwas vorstellen, was jeder Logik entbehrt? Bouillys Geschichte spielt in Spanien, im Spanien der Vergangenheit. Wer braucht da eine echte Französin von heute?

»Ich stamme aus Tours«, fährt sie fort. »Dort war Bouilly während der Revolution Richter. Und als er hörte, dass ich meinen Mann aus dem Gefängnis geholt hatte, schrieb er die kleine Episode auf und machte einen Operntext daraus. In Paris weiß jeder, wer sich hinter seiner Léonore verbirgt. In Wien offenbar nicht.«

Beethoven schüttelt den Kopf. Ratlos jetzt, weniger abwehrend. Das Mädchen auf dem Bett ist aufgewacht und lauscht dem Gespräch. Um ihre Mundwinkel zieht sich ein spöttisches Lächeln. Die Kämmende kämmt nicht mehr, sondern tuschelt mit ihrer Nachbarin, und Venus zieht ihr Kleid über die Körpermitte. Aber nur ein bisschen.

»Sie«, sagt Beethoven und stockt.

»Ja?«

»Sie sind Leonore?«

Die Dame nickt zufrieden.

Natürlich, Gerüchte hat es immer gegeben, auch in Wien. Man braucht nicht viel Fantasie, um sich vorzustellen, dass das Stück dieses Monsieur Bouilly auf einer wahren Begebenheit beruht. Als es damals auf den Markt kam, 1798, steckten die Revolutionskerker schließlich noch voller Menschen, viele von ihnen unschuldig. Und wenn so eine

Dame mit französischem Temperament sich erst mal was in den Kopf gesetzt hat … Die Verlegung der Handlung ein paar Jahrhunderte zurück diente in diesem Fall bloß als Deckmäntelchen, um die Beteiligten zu schützen.

Allerdings blieb es bei Mutmaßungen. Genaueres wusste keiner.

Beethoven hat sich um diese Gerüchte nicht gekümmert. Ihm war nur wichtig, nach dem Desaster mit Schikaneder und dessen Vestalinnen-Travestie – *die sprache und Versen, wie unsere hiesigen Aepfelweiber* – rasch ein besseres Textbuch in die Hand zu bekommen. Eines, das der Mode entsprach: Rettung in höchster Not, Befreiung aus den Klauen des Bösen. Bouillys Text war nicht mehr taufrisch, aber nach wie vor beliebt. Und noch gab es keine deutsche Übersetzung.

Aber während Sonnleithner dichtete und Beethoven bereits zu komponieren begann, passierte etwas Eigentümliches. Etwas änderte sich. Der Text. Die Umstände. Die Beteiligten. Am Ende war Beethoven nicht mehr derselbe und seine Oper erst recht nicht.

Und das lag an Josephine.

Plötzlich tritt da jemand auf den Plan, durch den die Handlung Gestalt gewinnt. Wenn man als Mann über eine Frau schreibt, über die Gefühle einer Frau; wenn man sich in den Mann hineinversetzt, der diese Frau liebt; wenn man beider Trennung in Töne setzt, die Sehnsucht, die Verzweiflung und am Schluss ihre Vereinigung – dann funktioniert das natürlich am besten, wenn man dabei an konkrete Personen denkt. Und im Verlauf des Jahres 1804, als Beethoven mit der vermaledeiten Oper ringt, mit ihren holprigen Versen und der stolpernden Handlung, schält sich Josephine von Deym immer deutlicher aus der Masse seiner Bekannten heraus, um Züge anzunehmen, die er seiner Leonore verliehen hat. Oder ist es umgekehrt, schafft er die Leonore nach ihrem Bild? Beethoven weiß es nicht. Aber dass es da Übergänge gibt, von der erdachten zur realen Figur und zurück, das steht außer Zweifel. Und irgendwann hat er die Hoffnung, Josephine könne ihn aus dem Gefängnis befreien wie Leonore ihren Florestan. Aus dem Gefängnis der Einsamkeit, Kinderlosigkeit, Bindungslosigkeit. *In des Lebens Frühlingstagen …*

Ja, die Hoffnung existiert. Er hat dann auch gleich ein Lied mit diesem Titel geschrieben und es Josephine geschenkt.

Josephine: Mitte zwanzig damals, bildschön, vierfache Mutter und Witwe. Wachsbildner Deym, ihr fast dreißig Jahre älterer Mann, ist im Januar in Prag gestorben, exakt zu der Zeit, als Beethoven mit der Oper beginnt. Wenige Wochen danach kommt Josephines viertes Kind auf die Welt, der Mutter geht es nicht gut. Im Sommer geht es ihr gut; da lebt sie wieder in Wien, nimmt Unterricht bei Beethoven und lässt sich aus der Oper vorspielen.

Und dann?

Beethoven hat sich getäuscht. Er sitzt im Gefängnis – aber nicht in dem der Einsamkeit. Sein Gefängnis ist die Standesgesellschaft, der Feudalismus hat ihm Ketten angelegt. Einer Gräfin, verwitwet oder nicht, kann man leidenschaftliche Briefe schreiben, man kann ihr auch leidenschaftliche Musik vorspielen und im äußersten Fall leidenschaftliche Lieder widmen. Mehr nicht. Nicht, wenn die gräfliche Mutter, die gräflichen Geschwister, Onkel und Tanten über einen wachen; nicht, wenn man der Frau einen standesgemäßen Lebenswandel finanzieren müsste; nicht, wenn man ansonsten von der Gesellschaft ausgespien würde wie ein infizierter Hund.

Also bleibt es bei der *namen-, namenlosen Freude* auf

der Bühne, die sich im wahren Leben als perspektivlose Freude erweist. Dem G-Dur im 3. Akt fehlt einfach die Kraft, die Realität zu überwinden. Kein Wunder, es ist ja bloß ein zweitverwertetes G-Dur, Relikt aus dem verworfenen Schikaneder-Stück. Wie überhaupt alles schiefläuft mit der Oper, alles. Die Sänger überfordert, die Theaterleitung selbstherrlich, der Text schlecht. Und dann der Krieg. Der Krieg, der Wiens Musikfreunde aus der Stadt spült und französische Soldaten hinein. Bei der Premiere: lauter Militär im Publikum, Ausländer, die kein Deutsch verstehen, die von der Schlacht kommen, von wochenlangen Fußmärschen, aus einer anderen Welt. Josephine? Geflohen, wie so viele, Richtung Ungarn. Nach drei Aufführungen wird die Reißleine gezogen, im folgenden Jahr der halbherzige Versuch, das Projekt zu retten, der Text jetzt besser, die Sänger ebenfalls, dafür Widerstand beim Theater, neue politische Verhältnisse. *Fidelio*, eine Totgeburt.

Mein Weib an meiner Brust … Wenn es so einfach wäre. Es gibt weitere Gespräche mit Josephine, geheime Treffen, Briefe, aber sie deklinieren nur durch, was einem die Grammatik des Klassenunterschieds so vorschreibt. *Die äussern Gesetze der Convenienz – Empfindlichkeit – Abweisungen ihres Bedienten – doch hoffe ich noch – Ich wollte Sie nicht beleidigen! – besser ist's für ihre für meine Ruhe sie nicht zu sehen – in diesen Verhältnissen – gebrauchen sie Offenherzigkeit – nichts soll sie binden – ich vermag es nicht mehr zu halten, was ich mir selbst auferlegt – Ich müßte heilige Bande verletzen, gäbe ich Ihrem Verlangen Gehör …*

In diesen Verhältnissen. In denen man nun einmal zu leben gezwungen ist.

Mit der dicken Französin jedenfalls hat das alles nichts zu tun.

»Lächerlich«, keucht Beethoven. »Absurd. Sie und Leonore? Soll das ein Witz sein? Ja, wahrscheinlich ist es das. Weil Ihnen die Aufführung nicht gefallen hat, erlauben Sie sich jetzt einen Scherz mit mir. Sie denken, hier, in dieser Umgebung, verlieren Männer den Überblick, da kann man ihnen alles erzählen, da verwechseln sie die Realität mit Erfindungen, modellierte Körper mit echten Menschen. So denken Sie sich das, aber ich sage Ihnen …« Er holt Luft, besinnt sich. »Verzeihen Sie, ich kann das nicht glauben.«

Die Dame hebt eine Braue. »Nein?«

»Nein.«

»Wie Sie meinen, lieber Beethoven. Ich nehme an, das Bild, das Sie von Ihrer Leonore gewonnen haben, passt nicht zu dem, was Sie sehen. Aber bedenken Sie, auch ich war einmal jung.«

»Darum geht es nicht«, versichert er hastig. »Es geht doch nicht um Ihr …«

»Um mein Alter? Worum dann?«

Er zuckt mit den Achseln. »Ich weiß nicht … Sie kommen hierher, wir treffen uns zufällig in dieser Galerie, und dann behaupten Sie Dinge … Dinge, die mir unglaubwürdig scheinen.«

»Es war kein Zufall. Ich wusste, dass ich Sie hier treffen würde. Josephine hat Sie angekündigt.«

»Ah.«

Nach diesem Ah sagt eine Weile niemand etwas. Auch die Musik schweigt. Die Dame aus Wachs hat sich auf den Rücken gedreht und die Hände hinter dem Kopf verschränkt. Mit wachen Augen wartet sie auf den Fortgang des Gesprächs.

»Mein Mann«, sagt die Französin schließlich in die Stille hinein, »der übrigens zwanzig Jahre älter war als ich, aber das nur nebenbei – mein Mann stand sein halbes Leben mit einem Bein im Gefängnis. Zu seinen erstaunlichsten Fähigkeiten gehörte es, konsequent mehr Geld auszugeben, als ihm sein Besitz einbrachte, und welcher Gläubiger lässt sich auf Dauer mit warmen Worten abspeisen? Vor der Revolution schützte ihn sein guter Name, aber danach ging alles ganz schnell.«

»Geld, sagen Sie? Gläubiger?«

»Korrekt.«

»Ihr Mann war kein politischer Gefangener?«

»Ich bitte Sie! Mein Mann war ein Hochstapler, dem es nur recht geschah, wenn er einmal in Ruhe über sich und sein Leben nachdenken konnte. Vielleicht wäre er sogar ungeschoren davongekommen, hätte er sich nicht an der Tochter eines Bekannten vergriffen. Und der zerrte ihn dann wegen seiner Schulden vor Gericht.« Fragend schaut sie den Komponisten an. »Wollen Sie sich nicht wieder setzen, Herr von Beethoven?«

Er nickt. Schüttelt den Kopf. »Moment! Einen Moment bitte … Sie behaupten also«, er legt beide Hände an die Schläfen, um sich zu konzentrieren, »Sie behaupten, Bouilly hätte aus einem Hochstapler … aus einem Betrüger seinen Florestan gemacht? Einen Freiheitshelden aus einem Frauenhelden?« Er nimmt die Hände weg. »Wie soll das gehen?«

»Interessante Frage.« Sie lacht trocken. »Mit Fantasie, nehme ich an. Müssten Sie das nicht besser wissen als ich? Man nimmt einen Gassenhauer und macht eine Sinfonie daraus. Alles eine Frage des Handwerks, oder?«

Beethoven starrt sie an. Im selben Moment, er hätte darauf wetten können, beginnt die Musik von vorn. Mit einem klackernden Geräusch setzt sich die verborgene Walze in Bewegung, und sofort füllt sich der Raum mit süßlichen Flötentönen.

»Bouilly ist Dichter«, fährt die Dame fort. »Und Dichter

haben nun mal die Pflicht zur Idealisierung. Hätte er meinen Mann in natura auf die Bühne gebracht, du meine Güte, das Publikum wäre in Scharen aus dem Theater geflüchtet. Sein Florestan dagegen – lieber Beethoven, Sie hätten mich sehen sollen, wie ich geweint habe in Ihrer Oper. Rotz und Wasser habe ich geheult!«

»Um Florestan?«, flüstert er.

»Jedenfalls nicht um meinen Mann, Gott hab ihn selig.«

Er nickt. Es ist ein schwaches Nicken, aber noch schwächer sind seine Knie in diesem Moment. Er spürt, jetzt muss er sich setzen. Die Französin klopft aufmunternd auf den Platz zwischen sich und der Schlafenden aus Wachs, die längst nicht mehr schläft und vermutlich auch gar nicht aus Wachs ist, sondern aus einem lebendig machenden Wunderstoff, dessen Rezeptur Graf Deym ins Grab mitgenommen hat. Wieder lässt sich Beethoven auf das Bett sinken, wieder gerät alles ins Schwanken, jede Gewissheit, die ganze schöne Welt.

»Erzählen Sie«, murmelt er.

»Gern.« Sie schlägt ein Bein über das andere – er kann sich nicht erinnern, das bei einer Dame jemals gesehen zu haben, aber vielleicht ist es in Paris üblich – und legt die Hände um ein Knie. »Wegen mir hätte mein Mann den Rest seines Lebens hinter Gittern verbringen können. Habe ich schon erwähnt, dass er zwanzig Jahre älter war? Ein Wüstling! Andererseits saß ich ohne ihn auf dem Trockenen, finanziell meine ich, das wurde mir rasch klar. Unsere Häuser, das Land, die Pferde, es lief ja alles auf seinen Namen. Besser ein Mann, der Schulden macht, dachte ich mir, als gar kein Mann.«

Beethoven nickt. *Es ist ein mächtig Ding, das Gold.*

»Ich ließ ihn also schmoren, bis er weich war. Anschließend schrieb ich ihm einen Brief, ich könnte für seine

Rettung sorgen, wenn er mir eines seiner Häuser überschriebe, eine jährliche Rente zahlte und noch dies und jenes als Zugabe.« Sie macht eine Pause, wie um über das Gesagte nachzudenken.

»Und?«, fragt Beethoven müde.

»Erst weigerte er sich. Aber nachdem ihm die Gefängnisleitung die Essensportionen zusammenstrich, auf meine Veranlassung natürlich, knickte er ein. Wir inszenierten dann seine Befreiung aus den Klauen der Macht, die Wärter und ich – nicht mit Trompete und Pistole wie bei Ihnen, aber auch hübsch dramatisch –, und ich erhielt den dankbarsten, handzahmsten Gatten zurück, den man sich denken kann.«

»Sie meinen, alles war gespielt? Das Wachpersonal gekauft?«

»Fragen Sie nicht nach Details, wie ich das geschafft habe, lieber Beethoven, solche Dinge wollen Sie nicht wissen. Es ging halt drunter und drüber damals, in den Tagen der Revolution.«

»Und Ihr Mann und Sie …?«

»Ach«, macht sie mit wegwerfender Handbewegung. »Ach, Herr von Beethoven … Zwei Wochen floss er vor Ergebenheit nur so über, dann pochte ich auf unsere Abmachung, und alles war wie früher. Schlimmer! Lügen, Geheimnisse, dazu eine Affäre nach der anderen, und eine solche hat ihm schließlich das Genick gebrochen. Oder welches Körperteil auch immer; in medizinischen Fragen bin ich ein Laie.« Sie wirft Deyms Venus einen missbilligenden Blick zu, doch die drei Grazien tun so, als hätten sie nichts bemerkt.

Beethoven schweigt. Er sitzt auf dem leise schaukelnden Bett und betrachtet das gefaltete Händepaar, das in seinem Schoß liegt. Seine Hände. Hat er verstanden, was die

Französin ihm erzählt hat? Möglicherweise hat er sich verhört, oder er hat etwas anderes gehört, eine ganz andere Geschichte, seine Ohren spielen ihm in letzter Zeit ja immer wieder Streiche. Vielleicht hat es doch ein Happy End gegeben zwischen der Frau aus Tours und ihrem Mann, ein lieto fine, gute Geschichten enden so. Andererseits: Wenn dieser Mensch tatsächlich ein Hochstapler war, wie seine Frau behauptet, ein Windhund, ein adliger Betrüger, dann hat er völlig zu Recht eingesessen. Dann sollte man ihn nicht aus dem Gefängnis befreien, sondern im Gegenteil dafür sorgen, dass er nie wieder freikommt. Er selbst, Beethoven, zerrt sie ja auch vor den Richter, die Fürsten Kinsky und Lobkowitz, wenn er sich von ihnen hintergangen fühlt, das hat er getan, oja, und sollten sie dafür eingesperrt werden, nun, dann ist das eben so. Es geht um Recht, um sein Recht.

Und um Geld. *Ein mächtig, mächtig Ding, das Gold.*

»Beethoven? Hören Sie überhaupt noch zu?«

Er schaut auf, zur Seite, sein Blick trifft sich mit dem der Französin. Ihre Köpfe bewegen sich in exakt aufeinander abgestimmtem Rhythmus auf und ab, gegenläufig natürlich, wie es die Elastizität des Bettes verlangt.

»Warum«, beginnt er, bricht aber ab. Er hat die Frage vergessen.

»Warum Bouilly die Geschichte so hemmungslos geschönt hat?«, hilft die Dame. »Nun, um die Erfolgsaussichten seines Stücks zu erhöhen, was dachten Sie? Mit besonderem Blick auf sein weibliches Publikum, Sie wissen schon: Mann in Ketten, ewige Treue … Und das ist ihm auch gelungen. Nachweislich! Sie werden es nicht glauben, aber bei der allerersten Lesung seines Dramas war eine der Zuhörerinnen so hingerissen von ihm und seinem Text, dass sie ihn geehelicht hat. Und was soll ich sagen? Die beiden sind immer noch ein Paar.«

Dieser letzte Satz lässt Beethoven zusammenzucken. Ja, er trifft ihn mit einer Heftigkeit, als handle es sich nicht um einen Satz, sondern um einen Blitz, der ihn schier in zwei Teile spaltet. Nur mit Mühe finden die beiden Teile wieder zusammen und versuchen, sich klar zu machen, was dieser Blitz-Satz bedeutet. Er bedeutet, so viel steht fest, dass Bouilly, dieser zweitklassige Poet, durch die Kraft seiner Dichtung, allein durch die Kunst also, eine Gefährtin fürs Leben gefunden hat. Und das, obwohl sein Stück eine einzige Lüge ist, Schönfärberei, Umdichtung, eine Welt des Scheins. Hochstapelei! Soll das im Umkehrschluss heißen, dass er, Beethoven, seine Oper aus lauter Lügen hätte zusammenschustern sollen, aus Trivialitäten, Albernheiten und falschem Pathos – und schon hätte ihm Josephine, hätten ihm sämtliche Wiener Damen Heiratsanträge gemacht? Hat er sich seine Zukunft verbaut, weil er beim Komponieren zu ehrlich war? Weil er kein Hochstapler ist? Am Ende hat Josephine genau das gemeint, als sie gestand: *Nur der Glaube an Ihren innern Werth machte mich Sie lieben.* Eine Liebe aus der Ferne! Nähe allein durch Lüge?

»Das Leben schreibt manchmal die wundervollsten Geschichten«, seufzt es neben ihm.

Im nächsten Moment explodiert er.

»Nein!«, brüllt er so laut, dass man es draußen auf der Straße hören muss, ja wahrscheinlich noch jenseits des Kanals, drüben in der Leopoldstadt. »Nein, Gnädigste, nein, nein, nein!« Zwischen zwei Neins ist er aufgesprungen, hüpft wie ein Ball durch das Müllersche Schlafgemach, an den Grazien vorbei – »Nein!« –, an dem Hermaphroditen – »Nein, nein!« –, an all den Nackten und Halbnackten, dem stummen Volk aus Wachs. Die Besucherin aus Frankreich schaut dem Treiben überrascht und ein wenig amüsiert zu, rührt sich aber nicht.

»Nein!«, schreit Beethoven ein letztes Mal in die Welt hinaus, dann kommt er endlich zur Ruhe, schnaufend, bebend, das Haar steht in alle Himmelsrichtungen ab, das von den Pocken gezeichnete Gesicht ist hochrot. »Das lasse ich mir nicht sagen, Gnädigste, das nicht. So ein … Auch von Ihnen nicht.«

»Bitte, was meinen Sie?«

»Was Sie da über meine Oper sagen, über meine Figuren, alles machen Sie madig, ziehen meinen Florestan in den Dreck, meine Leonore, treiben Ihren Spott mit ihnen, bis nichts mehr übrigbleibt außer niedrigsten Instinkten, Geld, Eigennutz, Rachsucht, nicht einmal die Treue ist Ihnen heilig, und genau darum geht es doch in dem Stück, um gegenseitiges Vertrauen, um die Treue zwischen zwei Eheleuten, aber Sie scheißen darauf …«

»Um Gottes willen, nein, lieber Beethoven, Sie …«

»… ich weiß nicht, warum Sie das tun, vielleicht weil Sie Französin sind und es nicht vertragen können, dass ein Deutscher das Libretto Ihres Landsmanns und dann noch viel besser als Gaveaux damals, nichts gegen Gaveaux, ich kenne seine Vertonung, sie ist ganz nett, bloß ziemlich belanglos, ein nettes Geplätscher eben, aber«, Beethoven holt Luft, »ABER«, noch einmal Luft, sehr viel Luft, es ist wie ein Anlauf zu etwas Großem, »aber, Gnädigste, das Schlimmste von allem ist, dass Sie meinem Stück das Herz rauben wollen, das Eigentliche, die Kernaussage. Seinen Geist.« Bei den letzten Worten hat Beethoven seine Stimme gesenkt, er ist jetzt ganz bei sich, ganz Düsternis und Konzentration. »Den Geist der Freiheit«, flüstert er, so leise, dass es seine wunden Ohren kaum vernehmen, aber was schadet das, wenn man die Worte in sich trägt, tief in sich drin.

»So?«, sagt die Dame.

»Ja«, entgegnet er heiser. Und dann, mit geballten Fäusten, aufstampfend, dass es durch das Haus dröhnt: »Ich lasse mir mein Freiheitsstück nicht kaputtmachen! Von niemandem!«

Stille. Die Worte hallen nach, lassen Spinnweben in den entferntesten Zimmern erzittern, draußen auf dem Donaukanal schlagen die Wellen höher. Selbst die Wachsfiguren halten den Atem an.

»Freiheit?«, sagt die Französin schließlich.

Beethoven nickt finster. Warum fragt sie? Kennt sie das Wort nicht? Hat er zu leise geschrien? »Liberté«, fügt er zur Sicherheit an. »Liberté, Madame.«

»Schon klar. Aber was hat Ihre Oper mit Freiheit zu tun, außer dass am Ende der Tenor das Gefängnis verlassen darf?«

»Nicht nur der Tenor«, flüstert er. »Alle Gefangenen! Sie besingen die Freiheit, gemeinsam. Sie beschwören sie. Dann wird der Tyrann gestürzt. Und durch wen? Durch einen Menschen, der Solidarität gezeigt hat: *Wer du auch seist, ich will dich retten.*«

Bei den letzten Worten zittert er ein bisschen, vor Anstrengung vermutlich. Ja, es ist anstrengend, den Leuten alles erklären zu müssen. Mühsam ist es. Peinlich auch, eine Art Selbstentblößung. Und das vor Zeugen, vor all den halbnackten Frauen um sie herum, die zuschauen und zuhören und sich ihr Teil denken.

Und was denkt die Französin?

Nun, sie blickt den Komponisten ziemlich unbeeindruckt an. Aber sie überlegt, das kann er deutlich sehen. Irgendwann nickt sie und sagt: »Interessant.«

Er schnappt nach Luft. »Wie bitte?« Dieses »interessant« klang eher nach: »Dummes Zeug, lieber Beethoven!«

»Interessant, was Sie da sagen.«

»Verstehe ich nicht. Was soll daran interessant sein?«

»Dass Sie in Ihrem Alter immer noch meinen, mit Revolutionsvokabular um sich werfen zu müssen. Ich vermute, es gehört zu Ihrem Image. Liberté, Egalité, Fraternité – vor zwanzig Jahren hat sich das prächtig verkauft. Aber heute?«

»Verkauft? Was meinen Sie mit verkauft?«

»Na, wovon leben Sie denn, lieber Beethoven? Als ich meinen Freundinnen in Paris erzählte, dass ich Sie in Wien treffen wollte, haben die mich gewarnt. Sie seien ein ganz schlimmer Revolutionär. Das kann nicht sein, habe ich gesagt, Revolutionäre haben keinen Erfolg, und Beethoven hat Erfolg. Also kann er kein Revolutionär sein, höchstens das Gegenteil. Was mir hier eindrucksvoll bestätigt wurde.« Theatralisch hebt sie die Hände. »Fidelio sei Dank!«

Beethoven starrt sie an. Nur weil er die Geschichte einer Royalistin vertont hat, soll er jetzt ebenfalls Royalist sein? Er hatte doch keine Ahnung …

»Ich liebe Ihr Schlussbild«, unterbricht sie seine Gedanken. »Das Schlussbild der Oper. Wenn sich das Volk vor der Statue des Königs versammelt. Vive le Roi!«

»Schon, aber …«

»Und der Minister, der den Gouverneur bestraft, ist vom König geschickt. Alles andere wäre ja auch Anarchie.«

»Moment …«

»Des besten Königs Wink und Wille …«

»Ja, mein Gott, die Handlung spielt in Spanien, und Spanien hat nun einmal …«

»Und Ihr Bösewicht«, wischt sie seinen Einwand beiseite, »dieser Tyrann, der seine Macht missbraucht – wer da nicht an Napoleon denkt, muss schon sehr hartleibig sein. Wunderbar, wie Sie den von der Bühne gefegt haben!«

»Das ist Unsinn«, presst er hervor. »Eine … eine Verdrehung der Tatsachen. Ich weiß nicht, ob Sie mit den hiesigen

Verhältnissen vertraut sind. Meine Autoren und ich, wir mussten die Handlung in ein anderes Land verlegen und in die Vergangenheit dazu, um überhaupt die Genehmigung für eine Aufführung zu erhalten. Es gab so schon genug Schwierigkeiten mit der Zensur.«

»Ihr Stück wurde zensiert?«

»Und wie!« Räuspern. »Zumindest bei der Premiere.«

»Ach, damals! Ewig her. Da sehen Sie es, lieber Beethoven. Die Verhältnisse haben sich geändert. Und Sie sich mit ihnen. Vor zehn Jahren, überlegen Sie mal. Sie sind jung, Sie haben Feuer … Freiheit liegt im Trend, also schreiben Sie darüber. Aber heute? Heute bedeutet Freiheit, frei zu sein von Tyrannen wie Napoleon. Sich aus freiem Willen für die Monarchie entscheiden zu können. Und genau dafür steht Ihre Oper. *Des besten Königs Wink und Wille.* Wenn das nicht staatstragend ist, dann weiß ich auch nicht mehr.«

Beethoven knirscht mit den Zähnen. »Das – ich – niemals.«

»Niemals was?«

»Wenn Sie mich kennen würden … meine Ansichten, Überzeugungen … Sie kämen nie auf solche Gedanken.«

»Aber wir kennen Sie doch, lieber Beethoven. Wir kennen Sie sogar sehr gut.«

Dazu lächelt sie. Es ist ein freundlich gemeintes Lächeln, trotzdem läuft es ihm kalt den Buckel hinunter.

Beethoven kennen?

Das ist im Prinzip kein Problem. Der Mann äußert sich ja gern und häufig und vor allem anders, als es der Konvention entspricht. *Ach du erbärmlicher Schuft, was ich scheiße, ist beßer, als was du je gedacht*, diktiert er dem Kritiker Weber ins Stammbuch, nur weil der »Wellingtons Sieg« degoutant findet. *Für solche Schweine spiele ich nicht*, erklärt er dem Grafen Browne, dessen Gäste das Plaudern nicht lassen können. Selbst seinem Kompositionsschüler, dem Erzherzog Ferdinand, geigt er gern die Meinung – die musikalische Meinung jedenfalls, denn da sind Sforzati und Dissonanzen erlaubt. Und wenn ihm in Teplitz die Königsfamilie über den Weg läuft, weicht er nicht etwa aus wie Kollege Goethe, sondern geht geradeaus weiter, mitten durch die Adelsgesellschaft hindurch. Berichtet zumindest Bettina von Arnim, die allerdings viel berichtet, wenn es nur hübsch klingt. Andererseits hat ja auch Goethe über Beethoven gesagt, er sei ein arg ungebändigter Mensch.

Oder dieser Satz hier, gleichsam in Stahl gehämmert: *Fürst! was Sie sind, sind Sie durch Zufall und Geburt, was ich bin, bin ich durch mich; Fürsten hat es und wird es noch Tausende geben; Beethoven gibt's nur einen.*

Grandios, nicht? Noch schöner wäre es freilich, wenn wir diesen Satz von Beethovens Hand überliefert hätten und nicht bloß in der Erinnerung eines Parteigängers, ein halbes Jahrhundert später.

Beethoven, das ist Fleisch gewordener Widerstand, so kennt man ihn in Wien, wenn er unrasiert, mit wildem Haar durch die Gassen streicht, beide Hände hinter dem Rücken verschränkt, denn nur so ist die Brust frei, nur so kann man mit der Stirn, hinter der die Töne lauern, die überlebte Gesellschaft zum Einsturz bringen. Heroisch (Es-Dur), pathetisch (c-Moll), leidenschaftlich (f-Moll) kommen seine Werke daher – wie er selbst, nicht wahr? Wie er selbst! Beethoven zieht ja auch ständig um, er ist Bewegung, Unruhe, Veränderung, man könnte es so formulieren: Wenn es den Sturm auf die Bastille als Person gäbe, dann wäre das Beethoven.

Wobei es leider nicht ins Bild passt, dass der reale Sturm damals am 14. Juli 1789 ein ziemlich laues Lüftchen war.

Sieben befreite Gefangene bloß, sieben Stück! Da tummeln sich auf jeder Stadttheaterbühne im »Fidelio« mehr.

Trotzdem bleibt es dabei: wenn Revolution, dann Beethoven. Der freie Mann, freie Komponist, über ihm nichts als der gestirnte Himmel.

Der wahre Künstler kann nur diener Seiner angebeteten Muse seyn!

»Ja, man kennt Sie«, wiederholt die Französin und erhebt sich. »Wir alle, die wir zum Kongress gekommen sind, haben Sie kennen und schätzen gelernt, lieber Beethoven.«

Automatisch weicht er ein Stück zurück. Warum steht die jetzt auf? Und warum nicken die Wachsfiguren rundum? Ist das Zustimmung, Solidarität unter Frauen? Die junge Dame, die sich die ganze Zeit so ausdauernd kämmt, beugt sich zu ihrer Nachbarin und tuschelt mit ihr. Sogar Deyms Venus, er bemerkt es aus den Augenwinkeln, linst über die Schulter zu ihm hin.

»Ist das so?«, brummt er.

»Ich war in Ihrem Konzert«, sagt die Dame und stemmt die Fäuste in die Hüften. »Vor vier Wochen, als das Wetter noch schön war. Dort habe ich Sie gesehen, Herr von Beethoven. Wie Sie dirigierten. Das war ... nun ja, eigentümlich. Ungewöhnlich.«

Misstrauisch schaut er ihr zu, wie sie ein paar Schritte nach vorne macht, sich in Positur stellt, den Kopf reckt, die Finger spreizt. »Meine Herren!«, ruft sie mit tiefer Stimme – um im nächsten Moment die Arme in die Höhe werfen, so energisch, dass er den A-Dur-Akkord des Orchesters am ganzen Körper spürt. Gleich darauf macht sie sich klein, ganz klein, sie wird zur Maus, sinkt in sich zusammen, so wie auch die Musik ins Piano versinkt ... dann ein Crescendo, ein allmähliches Aufstehen, zur alten Größe Wachsen, sie umgreift das Orchester, den gesamten Raum mit Riesenhänden, es wird laut, unerträglich laut.

Beethoven hält sich die Ohren zu.

»So dirigieren Sie«, ruft ihm die Französin mit blitzenden Augen zu. »Kurios, Herr von Beethoven. Befremdend. Eindrucksvoll. Ganz und gar eigen.« Die Vorstellung ist beendet, aber Energie noch im Überschuss vorhanden; deshalb kreisen und mahlen ihre Arme, sie verschlingt ihn mit ihren Blicken, kommt auf ihn zu und beginnt, um ihn herum zu schleichen. Dabei spricht sie unablässig weiter. »Ich habe noch nie jemanden auf diese Weise dirigieren sehen – aber solange es funktioniert, bitte, warum nicht. Es hatte etwas Militärisches: General Beethoven kommandiert seine Truppen. Und so war es ja auch, im letzten Stück, Ihrer Schlachtensinfonie, als die Kanonen kamen. Die haben Sie alle persönlich abgefeuert mit Ihrem Gefuchtel, nicht wahr? Jede Kanone einzeln: bumm! Und noch einmal: bumm!«

Beethoven schweigt. Die Dame umrundet ihn, verschwindet aus seinem Blickfeld, doch er dreht sich nicht um.

»Und wie das Publikum getobt hat«, tönt es in seinem Rücken. »Die reinste Raserei! Schade, dass der Lord nicht im Publikum saß. Wellington, die Hauptfigur. An diesem Abend hätte er Hunderte Freiwillige für das nächste Gefecht rekrutieren können. Und doch«, sie ist stehen geblieben, er hört es, »und doch, lieber Beethoven …«

Er wartet.

»Sehen Sie«, kommt es von hinten, »was mich persönlich betrifft, so war mein Genuss geschmälert, und damit meine ich nicht die Tatsache, dass Sie die Niederlage meiner Landsleute so eindrucksvoll in Musik gesetzt haben. Über solche Kleinigkeiten sehe ich leicht hinweg. Nein, mein Einwand ist ästhetischer Natur.«

Nun dreht er sich doch um. Immerhin ist von Ästhetik die Rede. Ohne auf die knarrenden Dielen zu achten, macht er auf dem Absatz kehrt und sieht die Französin neben der Venus stehen, ganz vertraut, ganz entspannt, als handle es sich um ihre engste Freundin. Sie steht da als Grazie Nummer vier, wenn auch in einen Wintermantel gehüllt und so gar nicht antikisch angehaucht.

»Dieser Kanonendonner, Beethoven, war das nötig? Ich weiß, als Künstler muss man heute zu den drastischsten Mitteln greifen, und das Publikum hatte seinen Spaß, keine Frage. Trotzdem. Mir hätten die musikalischen Schilderungen der Schlacht völlig gereicht. Wie ich schon sagte, ich bin kein Freund von zu viel Realismus.« Sie beugt sich herab, um ein Staubkorn vom Po der Venus zu pusten.

Er holt Luft. »Realismus?«

Sie nickt. Das Staubkorn erweist sich als hartnäckig, es will seinen prominenten Ruheplatz einfach nicht preisgeben.

»Realismus … Das stört Sie also. Wenn ein Künstler zu realistischen … zu den Mitteln des Realismus greift, rümpfen Sie die Nase, richtig?«

»Sie etwa nicht?«

»Bumm!«, schreit er und stampft auf. Alle Figuren im Kabinett zucken zusammen, einer der Grazien entfährt sogar ein kleiner Schrei. Drüben in den anderen Zimmern runzeln die Philosophen ihre Brauen, und der Apollotorso schüttelt tadelnd sein Haupt. »Bumm!«, schreit Beethoven, und natürlich wirft er seine Hände in die Luft, wie er es beim Dirigieren tut, denn genau darum geht es jetzt: um Orchesterführung, um akustische Vergegenwärtigung, um das Beschwören einer Idee, einer Erinnerung, eines Bildes. »Bumm, bumm, bumm! So hat es gemacht, Madame! Die ganze Nacht hindurch. Vor fünf Jahren, das Bombardement von Wien.« Er weist in die Ecken, aus dem Fenster, in die Ferne. »Überall Brände, überall Tote und Verletzte. Bumm! Der Kopf ist mir schier zersprungen, ich habe gelitten wie ein Hund. Habe mich im Keller verkrochen und Kissen auf meine Ohren gedrückt, aber es half nichts. Nichts!«

»Tut mir leid, lieber …«

»Seitdem höre ich noch schlechter als früher.«

»Das ist der Krieg.« Sie seufzt. »Das ist der Krieg.«

»Ja, das ist er. Der echte, reale Krieg. Und da beschweren Sie sich wegen ein paar Kanonenschüssen in meiner Schlachtensinfonie!«

Um die Lippen der vierten Grazie spielt ein feines Lächeln. »Unter diesen Umständen, mein Lieber, ziehe ich meinen Einwand gern zurück. Und möchte mich darüber hinaus für das Verhalten meiner Landsleute entschuldigen. Es tut mir sehr leid, dass die französische Armee der österreichischen derart überlegen war.«

Beethoven schnaubt und macht eine wegwerfende Handbewegung. Spott ist das Letzte, was er jetzt gebrauchen kann.

»Mit anderen Worten«, fährt sie fort, »Napoleon hat nicht nur Tausende Menschen auf dem Gewissen, sondern auch das Gehör unseres wichtigsten Tonkünstlers. Kein Wunder, dass Sie diesen Mann hassen, Beethoven.«

Den kleinen Korsen hat der Komponist tatsächlich ausradiert, versucht hat er es wenigstens, weggekratzt aus seinem Gedächtnis und aus seinen Partituren. Das berühmte Loch in der Abschrift der dritten Sinfonie markiert die Lücke, die Napoleons Verrat in Beethovens Leben hinterlassen hat. *Geschrieben auf Bonaparte!* Geschrieben – überschrieben. *Ist der auch nichts anders, wie ein gewöhnlicher Mensch! Nun wird er auch alle Menschenrechte mit Füßen treten* … So eine Widmung lässt sich tilgen, Faszination nicht. Und Beethoven war fasziniert von den großen Menschenführern, Schlachtenlenkern seiner Zeit, auch den gegnerischen: *Schade! daß ich die Kriegskunst nicht so verstehe wie die Tonkunst, ich würde ihn noch besiegen.* Vielleicht hat er das sogar, vielleicht hat Beethoven Napoleon besiegt, auf seine Weise, mit seinen Mitteln. In der *Schlacht bei Vittoria* sowieso, aber das war ein billiger Sieg, bloß die Orchestrierung einer Spielidee, deren Ausgang jeder kennt. Nein, Beethovens Überlegenheit könnte darin bestehen, dass er höchstpersönlich zu Napoleon wurde. Dass er, je weiter sich Napoleon von sich selbst entfernte, dessen Rolle übernahm, in dessen Hülle schlüpfte. Während der Korse also den Pfad des Tyrannen geht, schreibt der Komponist fort, was unvollendet geblieben ist: den Traum von der Solidarität unter den Völkern. Nach dem Motto: Du vergisst deine Herkunft? Bei mir sind alle Menschen Brüder! Du schickst die Massen in den Tod? Ich lasse sie singen! Wo du die Frauen nur benutzt, mache ich sie zu Heldinnen, und wo du die Freiheit zusammenschießen lässt, bringe ich sie auf die Bühne.

Bleibt die Frage: Von wem wäre Beethoven zu besiegen?

Nun, das ist leicht zu beantworten. Einen Beethoven besiegt nur Beethoven selbst. Wer die Messlatte so hoch legt – *Diener der eigenen Muse* –, macht sich angreifbar. Der zeigt dem Gegner, wo seine Schwachstellen sind. Und seinen Anhängern erst recht.

»Wie bitte? Wovon sprechen Sie?« Der Gedanke, dass es sich bei der Dame um eine besonders ausgeklügelte Apparatur handeln könnte, kehrt zurück.

»Davon, dass sie noch rechtzeitig die Kurve gekriegt haben. Überlegen Sie mal, bei Ihren Talenten! Jugendsünden und politische Schwärmereien sind das eine, Einsicht und Umkehr das andere. In Ihrem Alter, Beethoven! Sie müssen an Ihre Zukunft denken. Sie wollen doch eine Familie gründen, nicht wahr? Und deshalb wird die Geschichte sagen: Gepriesen sei das Jahr 1814, in dem Beethoven endlich zu sich selbst gefunden hat. Ab jetzt sind Sie unser Mann.« Sie macht eine Geste, als wolle sie ihn in die Seite knuffen. »Willkommen im Club, mein Lieber!«

»Welcher Club?«, fragt er entgeistert. Er kann sich nicht entsinnen, diese Vokabel schon einmal gehört zu haben. Nicht in Wien!

»Andere formulieren einen Aufnahmeantrag, Sie schreiben einen Chor auf die verbündeten Fürsten: *Ihr weisen Gründer glücklicher Staaten.*«

»Ach, das.«

»Man kann natürlich auch etwas Hübsches zum Namenstag des Kaisers komponieren. Eine Ouvertüre beispielsweise.«

»Ist noch nicht fertig.«

»Oder die Nummer, mit der Sie Blüchers Einzug in Paris feiern. *Kaiser Franz – Viktoria!* Schade, dass der Text so schlecht ist. So … wie soll ich sagen? So holzfällerartig. Allein der Titel!«

»*Germania*!«, rufen sämtliche Wachsfiguren und schütteln sich. »*Germania!*«

»*Ein Wall von Eisen …*« Sie hakt sich bei Beethoven unter und schreitet mit ihm durch den Saal. »Wirklich, Sie sollten sorgfältiger in der Wahl Ihrer Texte sein. Was ist mit Ihrer großen Kongresskantate? Man munkelt, die Verse hätte einer von Deyms Automaten ausgespuckt.«

»Die Kantate? Die kennen Sie auch?«

»Aber natürlich, ich war doch im Konzert, mein Lieber. Habe ich das nicht erwähnt?« Sie bleibt stehen. »Als Sie den

Generalissimus gaben. Die Kanonen, schon vergessen? Erst Ihre neue Sinfonie – die mir nichts sagte, aber das nur nebenbei –, dann Wellingtons Sieg und zuletzt Ihre Jubelkantate. Nein, anders herum, die Schlacht am Ende, auch wenn das jeglicher Chronologie spottet. Jedenfalls haben die Verse Ihrer Kantate in mir keine Jubelstürme ausgelöst. Man muss ja nicht alles gutheißen, oder?«

»Glauben Sie, ich wäre glücklich über den Text gewesen?«

»Warum haben Sie ihn dann vertont?« Sie rollt mit den Augen. »*Vindobona, Heil und Glück!* Ja, was denn nun: Sind Sie Germanen oder Römer? Oder das hier: *Der Busen pocht! Die Zunge stammelt!* Ich bitte Sie! Haben Sie schon mal einen pochenden Busen gesehen? Hier, schauen Sie sich um, sind ja genug Busen da: Pocht da was?«

Beethoven spürt, wie ihm die Hitze zu Kopf steigt. Die Hitze der Wut, der Scham, der Sprachlosigkeit. Er weiß selbst, wie schlecht Weißenbachs Reime sind. Er hat sich sogar beschwert deswegen! In der Nase juckt es ihn, wenn er daran denkt, da sitzt wieder so ein rebellisches Staubkorn, das ihm keine Ruhe lässt.

»Sehen Sie«, sagt die Dame aus Tours, »meine Freundinnen und ich, wir sind ja nicht naiv. Wir wissen, welchen Tribut man der Politik zollen muss, und das tun wir gerne. Genau wie Sie. *Und die alten Zeiten werden endlich wieder sein auf Erden.* Wunderbar. Ein schöner Satz. Aber wir sind eben auch Frauen, und als Frau ging mir diese Huldigungsorgie eindeutig zu weit. Viel zu weit.«

Beethoven kann nichts erwidern, er kämpft verzweifelt gegen den Niesreiz an.

»Heil, Kaiser Franz!«, sagt die Dame und verbeugt sich vor dem Hermaphroditen. »Gesagt ist das schnell, aber mit Musik, mit Musik von Beethoven, da bekommt es so etwas

Ewiges, Unterwürfiges.« Sie zieht den Komponisten weiter, zu der Kämmenden, deutet einen Knicks an. »König von Dänemark! Wenn man Ihr Stück hört, hält man ihn für einen Riesen, dabei ist er so ein langweiliges Männchen.« Noch eine Verbeugung, diesmal vor dem Mädchen auf dem Bett. »Und jetzt der Höhepunkt: der fette Württemberger. *Ein Bild der Kraft und Güte!* Sie wissen, was dieser Mensch zuhause in Stuttgart mit seinen Reitburschen anstellt?«

Beethoven kann nicht mehr an sich halten. Er niest, er explodiert, es bricht geradezu aus ihm heraus. Zwei Mal, drei Mal. Die liegende Schöne schaut indigniert, die Französin dagegen ist unbeeindruckt.

»Gegen den war sogar mein Mann ein Feingeist«, fährt sie fort. »Und unser lieber Zar schnappt sich sowieso alles, was nicht bei drei auf den Bäumen ist. Heute Wiener Frischfleisch, morgen Polen! Wie ich hörte, haben Sie der Zarin eine Polonaise gewidmet. Vermutlich, damit sie demnächst in Warschau etwas zu tanzen hat.«

»Es«, Beethoven schnappt nach Luft, »es … ist … es ist bloß Musik.« Er stöhnt, er leidet. »Bloß ein Stück … ein Stück im Dreivierteltakt, zu dem man tanzen kann … oder auch nicht.«

»Sehen Sie«, die Dame nickt zufrieden, »das habe ich meiner Freundin auch gesagt. Sie hat polnische Wurzeln und war über Ihre Polonaise not amused. Wissen Sie, wie sie Sie genannt hat?«

»Arschkriecher«, kommt es aus Richtung der Venus Kallipygos.

Beethoven fährt herum.

»Arschkriecher«, wiederholt die Venus und schaut ihn dabei nicht an. Nur die beiden Grazien neben ihr tun es.

»Na, na«, sagt die Französin.

In Beethovens Kopf dröhnt es. Die neuen Eindrücke dieser

Nacht vermischen sich mit den Bildern von früher, er will sagen, dass er sich überhaupt nicht verändert hat, dass er immer noch der Beethoven von damals ist beziehungsweise in dem Mann damals schon der heutige Beethoven steckte; das einzige, was sich geändert hat, sind die Umstände, die Politik, der Krieg, und er muss an das Jahr 1809 denken, an den Mai vor fünf Jahren, als er, der Bonner, zum Wiener wurde, zum österreichischen Patrioten, aber nicht, weil er sich geändert hatte, sondern weil das Land ein anderes geworden war, weil es belagert wurde, gedemütigt, weil es nach Hilfe rief. Da entdeckte er, der sich in Wien nie richtig heimisch gefühlt hatte, seine Vaterlandsliebe. Und die darf man doch wohl in Musik ausdrücken, oder? All das will er sagen, jetzt, will es den wächsernen Damen entgegenschleudern, doch da hebt die Französin ihre Hand und bedeutet ihm, still zu sein.

»Hören Sie das?«, flüstert sie.

Er starrt sie an. Was? Wen? Kommt da jemand? Was meint sie?

»Die Musik«, sagt sie und deutet in eine Zimmerecke. »Wie schön!«

Jetzt hört er es auch. Er hat schon eine ganze Weile nicht mehr auf Nebengeräusche geachtet, zu sehr war er von der Unterhaltung mit der Dame in Anspruch genommen. Deshalb kann er nicht sagen, ob in letzter Zeit eine von Deyms Maschinen angesprungen ist, erst recht nicht, mit welchem Stück. Aber nun macht sich eine der Flötenuhren wieder bemerkbar, dreistimmig, in F-Dur, wie er sofort registriert, näselnd, aber zuckersüß.

»Das ist schön«, nickt die Französin, und das Mädchen auf dem Bett bekommt schimmernde Augen. »Nehmen Sie sich ein Beispiel daran, Beethoven. Politik, Freiheit und der ganze Kram haben in Musik nichts zu suchen.«

»Das«, krächzt Beethoven und winkt ab.

Später, die Nacht nähert sich bereits dem Tag, betritt die Hausherrin, eine Lampe in der Hand, die Galerie. Die Figuren stehen stumm und unbeweglich. Im letzten Raum, dem Kabinett der Grazien, findet sie ihre Freundin, die Dame aus Tours. Und berichtet ihr sofort, atemlos, was wie ein Lauffeuer – welches Bild träfe es besser? – durch die Stadt eilt: die Kunde vom Brand im Palais Rasumowsky, dem prächtigsten, teuersten aller Wiener Stadthäuser, das ganze Riesenschloss ein Raub der Flammen, Gerüchte von zwei Toten und dann natürlich die Kunstschätze, die Bibliothek, die Ausstattung, unwiederbringlich verloren. Schon heißt es, das sei das Ende des Grafen, sein unvermeidbarer Bankrott, vielleicht der endgültige Bankrott jeglichen Adelswesens, die Flammen ein Zeichen der neuen Zeit, andere bezweifeln das, der Adel sei eine Hydra, dem wüchsen für ein abgeschlagenes Haupt zwei neue nach, aber ein Ende sei es trotzdem, nämlich das Ende der Kunst, für die Rasumowsky so rührend gesorgt habe, unvorstellbar, dass er sich sein Privatensemble, das Quartett um den Geiger Schuppanzigh mit der Musik von Beethoven, noch weiter leisten könne. Wie auch immer: ein Fanal.

Der Brand sei wohl durch die neue französische Heizungsanlage ausgelöst worden, fügt Josephine noch an. Ein schlechtes Omen für den Kongress, meinen manche.

»Abwarten«, sagt ihre Freundin und hakt sich bei ihr unter.

»Hast du Beethoven nicht gesehen? Er wollte kommen.«

»Ich glaube, er ist gegangen. Verabschiedet hat er sich nicht.«

Als die Damen fort sind, herrscht wieder Stille im Haus am Roten Turm. Auch die Musik ist verstummt, das F-Dur-Adagio für Flötenuhr, das Ludwig van Beethoven im Auftrag des Grafen Deym schrieb. Ganz verschwunden ist es nicht, hinten in der Ecke tanzt ein wenig Notenstaub in der aufkommenden Dämmerung.

Und auf dem Sockel, auf dem zuvor die elegante Französin stand, steht jetzt der Komponist des Stücks. Ein Beethoven aus Wachs, so lebensecht und wahrheitsgetreu, wie ihn nur ein Hexenmeister hinkriegt. Da stimmt jedes Detail, jede Pore, die Haltung, der Blick. Da steht Beethoven, am letzten Tag des Jahres 1814.

DER HERR DWORSCHAK

Ich fand den Herrn Dworschak auf einer Bank vor seinem Haus sitzend. Seine Augen waren geschlossen, die Hände vor dem Bauch gefaltet. Auf seinem Gesicht lag, wie Sonnenglanz, eine ganz eigentümliche Art der Zufriedenheit, heiter und grimmig zugleich. Die Stirn in Falten geworfen, der Bart grau und struppig. Unter seinem Bart aber schien der Herr Dworschak zu lächeln, ganz fein nur, wie man es im Schlaf tut.

Allerdings schlief er nicht. Die zusammengezogenen Brauen verrieten es.

Obwohl er mich gehört haben musste, zeigte er keine Reaktion auf meine Ankunft. Stumm hielt er sein Zwiegespräch mit dem Frühling. Da ich keine Instruktionen erhalten hatte, wie in einem solchen Fall zu verfahren sei, blieb ich in angemessener Entfernung stehen und wartete.

Das tat ich eine ganze Weile. Ja, sie ist schön, die Heimat des Herr Dworschak, aber auch abgelegen und ihrer Zeit hinterher. Während bei uns in Wien schon alles blüht und duftet, erwacht die Natur hier erst allmählich aus dem Winterschlaf. Immerhin lockte die Sonne manch einen Schmetterling ins Freie, der wie ein freundlicher Gruß an den Gast aus der Stadt vorbeiflatterte.

Der Herr Dworschak dagegen rührte sich nicht. Die Bank, auf der er saß, war ein aus halben Stämmen grob gefügtes Stück, und ich ertappte mich bei dem Gedanken, dass eine gewisse Ähnlichkeit zwischen ihr und ihrem Besitzer nicht zu übersehen war: dasselbe harte Naturholz, dieselbe vom Leben gebleichte Klobigkeit. Hätte man mich im Ministerium nicht entsprechend vorgewarnt, wäre ich nie auf die Idee gekommen, hinter diesem derben Bauernschädel einen der feinsinnigsten Komponisten unserer Zeit zu vermuten.

Im nächsten Moment schlug der Herr Dworschak die Augen auf, stemmte sich in die Höhe und kam auf mich zu. So steif und ungelenk seine Bewegungen anfangs noch waren, wurden sie mit jedem Schritt flüssiger. Als er schließlich vor mir stand, wirkte er frisch und erholt.

»Ich habe sie selbst gemacht«, sagte er, während er mir die Hand drückte. Und weil ich ihn verständnislos anblickte, drehte er sich um und zeigte auf die Bank. »Man muss der Welt etwas hinterlassen.«

»Eine Bank?«

»Eine Bank.«

»Und die haben Sie … verfertigt?«

»Ich«, nickte er stolz.

»Dann sind Sie also auch Handwerker«, sagte ich und bemühte mich, nicht ironisch zu klingen.

»Oh nein!«, rief er und schüttelte heftig den Kopf. »Nein! So gern ich es wäre. Aber es gibt nur ein Gebiet, auf dem ich mich wirklich auskenne.«

»Die Musik.«

»Die Eisenbahn. Sind Sie mit der Eisenbahn gekommen?«

Und schon begann er, mich mit Fragen zu löchern. Welche Strecke ich genommen hätte, ob es Probleme mit den Anschlüssen gegeben habe. Mit welchen Zügen ich gereist sei, in welchen Abteilen, ob ich mir vielleicht die Zugnummern gemerkt hätte. Die Zugnummern, sie seien der Schlüssel; wenn ich ihm die nennen könnte, stünde ihm sofort ein Bild vor Augen. Er beschrieb mir einzelne

Lokomotiven, die regelmäßig ihren Dienst zwischen Prag und Pilsen, Brünn und Wien verrichteten, schwärmte von ihnen wie von Individuen: vom Spiel ihrer Glieder, der ineinandergreifenden Arme und Räder, dem ganzen gespannten Muskelapparat. Dann machte er die Geräusche diverser Dampfrösser nach, schnaubte und rasselte, ächzte, stöhnte und pfiff, dass es zum Staunen war. Seine unerwartete Begabung auf diesem Gebiet der Maschinenimitation, vor allem aber die Begeisterung, die dabei aus seinen sonst so stumpfen Augen leuchtete, ließ mich für meinen Besuch das Beste hoffen. Ein Mann, den Eisen und Stahl derart in Verzückung setzten, der würde sich auch für einen Auftrag meines Ministerium erwärmen können.

»Möchten Sie etwas trinken?«, fragte er und packte mich am Arm. »Einen Kaffee vielleicht? Oder ein Bier?«

»Sehr freundlich«, entgegnete ich. »Dabei könnten wir in Ruhe über den Grund meines Besuches sprechen.«

»Geht es um Eisenbahnen? Sie sehen aus wie jemand, der sich beruflich mit Eisenbahnen …«

»Um Gottes willen, nein!«, lachte ich. Was wollte der Kerl nur mit seiner ewigen Eisenbahnerei? »Die Musik ruft mich hierher, Ihre Musik.«

»Ach so.«

»Was dachten Sie, Herr Dworschak? Sie sind Komponist. Deshalb kommen die Leute zu Ihnen.«

»Das stimmt«, nickte er düster.

»Und da es sich in meinem Fall um etwas Dringendes handelt, möchte ich gleich zur Sache kommen, wenn Sie erlauben. Herr Dworschak: Ich habe einen Auftrag für Sie.«

»So?«, sagte er und zog dabei die Luft ein, was seine Antwort wie einen Seufzer klingen ließ. Ich war irritiert. Nicht dass ich einen Ausbruch der Freude erwartet hätte, er musste ja erst einmal erfahren, worum es ging. Aber ein wenig mehr Interesse, und sei es geheuchelt, ein Funken von Neugier – damit wäre doch zu rechnen gewesen. Stattdessen trübte sich sein Blick ein, als hätte ihn plötzliches Misstrauen überfallen.

»Einen höchst ehrenvollen Auftrag«, präzisierte ich.

»Danke sehr«, sagte er. Es entstand eine kurze Pause, in der jeder auf eine Bemerkung des anderen wartete, dann schlug er sich mit der flachen Hand gegen den Kopf. »Da fällt mir ein, dass meine Frau ausgegangen ist, und ich kann Ihnen leider keinen Kaffee kochen. Verstehen Sie, den bereitet sonst sie, und ich weiß nicht …«

Er brach ab. Um ihn aus dieser Peinlichkeit zu erlösen, behauptete ich, ohnehin nur selten Kaffee zu trinken, in dieser Hinsicht solle er sich keine Sorgen machen. Dafür würde ich ihm gern erläutern, wer mich geschickt habe und um was für einen Auftrag es sich handele.

»Natürlich«, murmelte er und bat mich, Platz zu nehmen.

Wir setzten uns nebeneinander auf die selbstgezimmerte Bank und blinzelten in die Sonne. Die Tasche, die ich die ganze Zeit in einer Hand gehalten hatte, legte ich in meinen Schoß.

»Es geht um Folgendes, Herr Dworschak«, begann ich. »Ich bin Beamter im Kriegsministerium.«

»Sie?«, platzte er heraus, und das wiederum war eine Reaktion, mit der ich gerechnet hatte. Ein junger Zivilist wie ich entspricht nicht dem Bild, das die Menschen von einem Militärbeamten haben.

»Im k. u. k. Kriegsministerium«, wiederholte ich. »Das nicht nur aus Soldaten besteht, sondern vor allem aus Verwaltungskräften. Aus Juristen und Finanzbeamten beispielsweise.«

Eine Taube flog über unsere Köpfe hinweg, drehte um

und ließ sich auf dem kahlen Ast eines Laubbaums nieder. Der Herr Dworschak beschattete seine Augen mit einer Hand, um ihrem Flug zu folgen.

»Wie Sie wissen«, fuhr ich fort, »feiert unsere Allerhöchste Majestät in diesem Jahr ihr Regierungsjubiläum. Da der Kaiser Oberbefehlshaber der Streitkräfte ist, kam in unserer Abteilung der Wunsch auf, einen Beitrag zu diesem Jubiläum zu leisten.«

»Verstehe«, murmelte der Mann neben mir, während er noch immer die Taube beobachtete.

»Und weil unser Beitrag etwas Besonderes sein soll, nicht die üblichen Militaria, ein prächtiges Manöver oder was sonst von den Truppen erwartet wird, aus diesem Grund also hatten wir die Idee, einen Künstler mit einem Werk zu beauftragen.« Ich wandte mich ihm zu. »Deshalb bin ich hier.«

»Was?«, entfuhr es ihm. Hatte er überhaupt zugehört? »Wie?«

»Ich sagte …«

»Ah«, unterbrach er mich. »Sie wollen …«

Anstatt den Satz zu vollenden, verfiel er in Schweigen. Meine Verwirrung wuchs. Wenn der Herr Dworschak einen so anstarrte, aus kleinen, unruhigen Augen, dann fiel es schwer zu glauben, dass dieser Mann in England und Übersee regelrechte Triumphe gefeiert haben sollte. In Cambridge hatten sie ihn sogar zum Ehrendoktor ernannt. Einen Mann, der auf mich wie ein Bauer wirkte, ein tschechischer Waldbauer, der sein Leben lang weder lesen noch schreiben gelernt hatte. Erst recht keine Noten.

Als ich eben den Faden wieder aufnehmen wollte, griff er nach meinem Arm.

»Mir fällt gerade ein«, sagte er mit verlegenem Lächeln, »ich habe noch einen wichtigen Termin.«

Ungläubig sah ich ihn an. Was konnte es hier, in diesem gottverlassenen böhmischen Nest, schon für unaufschiebbare Dinge geben?

»Einen sehr wichtigen Termin«, bekräftigte er.

»Darf ich fragen, wann? Innerhalb der nächsten Stunde?«

Er machte eine vage Handbewegung.

»Ein bisschen Zeit bleibt uns noch?«

»Ein bisschen, ja. Es tut mir leid. Die Leute … Sie rechnen fest mit mir.«

»Haben Sie einen Auftritt? Drüben in Freiberg?«

»Einen Auftritt?« Er winkte ab. »Nein, wo denken Sie hin? Ich … Es geht um Darda.«

»Wer ist das?«

»Wer? Es ist kein wer. Sondern ein Spiel. Darda. Ein tschechisches Kartenspiel. Nie davon gehört?«

Ich schüttelte langsam den Kopf. Er schaute mich fast empört an.

»Das müssen Sie kennen. Wenn Sie hier in Böhmen … Sie kennen Darda wirklich nicht?«

»Moment, verstehe ich Sie richtig? Sie sind zum Kartenspielen verabredet? Das ist Ihr Termin?«

»Unten im Dorf. Überlegen Sie mal, wenn ich da fehle …«

»Schön«, fiel ich ihm brüsk ins Wort. »An mir soll Ihre Verabredung nicht scheitern, Herr Dworschak. Wenigstens ein halbes Stündchen werden Sie aber für mich erübrigen können, oder? Ich habe den langen Weg von Wien hierher …«

»Natürlich«, unterbrach er mich hastig. »Bitte entschuldigen Sie. Ich wollte Sie nicht … Aber der Termin ist wirklich wichtig für die Leute im Dorf.«

»Und ich dachte, ich störe Sie beim Komponieren.«

Er lächelte schief. »Alles zu seiner Zeit.«

»Wie Sie meinen.« Ich legte meine Hände auf die Tasche, so exakt nebeneinander wie möglich. »Also, mein Auftrag. Um es kurz zu machen: Wären Sie bereit, für das Regierungsjubiläum unseres Kaisers im Herbst einen Festmarsch zu schreiben? Die Einzelheiten der Komposition überlassen wir Ihnen, nur eben festlich soll das Stück sein.«

»Einen Marsch?«

»Genau.«

»Einen Marsch, ich? Wie … wie kommen Sie auf den Gedanken, ich könnte Märsche komponieren? Ausgerechnet ich?«

»Sie haben bereits einen komponiert, sagte man mir. Für das Kaiserpaar, vor zwanzig Jahren.«

»Habe ich das?« Einen kurzen Moment lang sah er verschmitzt drein. »Dann wird es wohl stimmen. Aber jetzt …« Er holte Luft und griff wieder nach meinem Arm. »Es ist eine große Ehre für mich«, sagte er. »Eine Ehre. Dass man mir, einem böhmischen Musiker … Wo es doch andere gibt, viele andere. Gut, Brahms ist tot. Aber Strauß! Strauß kann Märsche, das liegt ihm viel mehr als mir.«

»Strauß hat bereits einen Auftrag, heißt es.«

»Ah. So.« Er ließ meinen Arm los, nickte unschlüssig, dann sprang er auf und setzte sich in Bewegung. In der Annahme, er wolle gehen, warum und wohin auch immer, erhob ich mich ebenfalls und folgte ihm. Genau in diesem Moment drehte er sich wieder um, so dass wir fast zusammenstießen. »Entschuldigung!«, rief er und packte mich bei der Schulter. »Bleiben Sie. Nehmen Sie doch Platz. Ich muss nur …«, er gab mich frei, »ich muss überlegen. Strauß! Strauß und ich, ja, das wäre … Andererseits …«

Was diesem »Andererseits« folgte, entging mir, weil er sich erneut von mir abwandte und keine Rücksicht darauf nahm, ob ich verstand, was er sagte. Vielleicht war es auch gar nicht für mich gedacht, sondern bloß der Versuch, sich sprachlich auf diese andere Seite vorzutasten. Gleich danach schwenkte er wieder um, wackelte mit dem Kopf, kehrte zurück. Dabei brabbelte er unablässig vor sich hin.

Ich setzte mich, legte wie vorhin Tasche und Hände in den Schoß und harrte der Dinge, die da kamen.

Irgendwann blieb der Herr Dworschak vor mir stehen, strahlte mich an und strich sich über seinen graustruppigen Bart.

»Das ist wirklich eine Freude, die Sie mir da machen«, rief er. »Ich kann es noch gar nicht fassen! Dass Sie ausgerechnet an mich, einen kleinen böhmischen Musikanten, gedacht haben. Leider«, er nahm wieder neben mir auf der Bank Platz, »leider sind da Schwierigkeiten. Probleme.«

»Und die wären?«

»Zeit. Immer die Zeit. Sehen Sie, ich sitze gerade an einer Oper. Sagen Sie es nicht weiter, es ist mir peinlich, weil ich schon so lange keine Oper mehr geschrieben habe, und wenn die jetzt nichts wird, heißt es, schau an, der Kerl ist auf seine alten Tage übermütig geworden. Aber so eine Oper braucht Zeit, viel Zeit.«

»Gibt es schon einen Termin für die Premiere?«

»Noch nicht.«

»Dann sollte sich so ein Marsch leicht dazwischen schieben lassen, oder? Man hat mir gesagt, Sie würden musikalische Ideen nur so aus dem Ärmel schütteln.«

»Wer sagt das?«

»Alle. Jeder, der Sie kennt.«

»Ach.«

Sein Lächeln verschwand und machte einer Traurigkeit Platz, für die ich noch weniger eine Erklärung fand als für seine vorherige Unruhe. Sein Blick glitt von mir ab und blieb schließlich an seinem Jackenärmel hängen, den er packte, demonstrativ nach oben zog und schüttelte.

»Nichts«, seufzte er. »Sehen Sie? Nichts.«

»Es ist bloß eine Redensart«, sagte ich.

»Früher, da ging das. Beide Ärmel voll, ja. Aber heute? Früher konnte ich sogar Märsche komponieren. Heute bin ich ein alter Mann, vielleicht werde ich bald Großvater.« Er seufzte wieder.

»Trotzdem wagen Sie sich an eine Oper«, versuchte ich ihn aufzumuntern. »So ganz haben Sie sich noch nicht aufs Altenteil zurückgezogen.«

Er schwieg. Sein Blick hing noch immer am Ärmel seiner Jacke fest, als gäbe es dort etwas Wichtiges zu sehen. Zu sehen war aber lediglich, dass dieses Kleidungsstück seine besten Tage hinter sich hatte, und auch die waren nie richtig gut gewesen. Mit den Sachen, die der Herr Dworschak trug, hätte er sich in Wien nicht blicken lassen dürfen. Jedenfalls nicht in den Kreisen, die ihm so viel Bewunderung entgegenbrachten.

»Sie wissen schon«, hörte ich ihn irgendwann sagen, und ich musste die Ohren spitzen, so leise sprach er und hielt den Blick weiterhin gesenkt, »Sie wissen schon, dass es Ärger geben kann … dass es bereits Ärger gegeben hat, wenn ein Tscheche wie ich … wenn ein tschechischer Musiker für Wien, das Kaiserwien, eine Musik schreibt, ja? Böses Blut hat es gegeben.«

Nun, auf dieses Thema war ich vorbereitet. »Das ist mir selbstverständlich bewusst, lieber Herr Dworschak. Uns allen ist es bewusst, und gerade deshalb sind wir im Ministerium der Meinung, dass ein Werk von Ihnen ein Zeichen setzt. Ein Zeichen der Versöhnung.«

Ich beugte meinen Kopf ein wenig vor, um zu sehen, wie ihm das gefiel, doch er wich meinem Blick aus.

»Meine Sinfonie konnte nicht gespielt werden damals«, murmelte er. »Tschechen raus aus unseren Konzertprogrammen, hieß es.«

»Wo?«

»Bei den Philharmonikern. Richter musste sie zurückziehen. Keine Uraufführung in Wien.«

»Das muss aber schon eine Weile her sein.«

Er nickte. »Schon.«

»Eben. Das Klima hat sich gewandelt in den letzten Jahren. Meiner Generation ist dieser ständige Streit der Nationen fremd. Unser Land …«

»Sie wissen aber auch«, unterbrach er mich, »dass ich kein Freund des Kaisers bin?«

»Wie meinen Sie das?«

Er wiegte den Kopf. »Es gab Kaiser in Wien, denen war die Freundschaft zu ihren Völkern wichtig. Zu allen Völkern, auch den Tschechen und Ungarn. Diesem hier nicht. Es gab Kaiser, die haben ihren Untertanen vertraut. Dieser hier nicht.«

»Oh«, lachte ich, »jetzt klingen Sie ja wie ein …«

»Nein!«, schnitt er mir das Wort ab und blickte endlich auf. »Ich bin kein Radikaler. Überhaupt nicht. Ich bin bloß ein kleiner, ein winziger tschechischer Musiker, der sich fragt, ob er der Richtige ist, um für das Jubiläum unseres Kaisers ein Stück zu komponieren.«

»Vor zwanzig Jahren haben Sie sich das nicht gefragt?«

Er schwieg. Aus der Art und Weise, wie er mich dabei ansah, schloss ich, dass ich in diesem Fall die Antwort auf meine Frage selbst finden musste. Was war der Unterschied zwischen damals und heute? Sein Alter? Jugendliche Unbedenklichkeit? Die geänderten Verhältnisse?

»Ah«, sagte ich schließlich. »Verstehe. Sie haben bei diesem Marsch an unsere Kaiserin gedacht.«

»Die Kaiserin hat sich immer für Ausgleich eingesetzt.«

»Das tut sie heute noch. Wenn Sie den Auftrag übernehmen, würden Sie auch ihr eine große Freude bereiten.«

»Meinen Sie?«

»Ganz sicher. Sehen Sie, Herr Dworschak«, ich setzte mich aufrecht, denn jetzt kam mein Hauptargument, meine schärfste Waffe, die ich ganz bewusst bis zuletzt im Verborgenen gehalten hatte, »bei uns im Ministerium, wie vermutlich bei den Menschen generell, herrscht die Meinung vor, Musik sei eine Sache, mit der man andere Sachen angenehmer macht. Eine Parade, ein Empfang oder einfach ein Abendessen: Das alles wäre ohne Musik nur halb so schön. Man benutzt sie als Dekoration, als Parfüm. Sie verstehen, was ich meine? Nun, ich selbst bin nicht dieser Ansicht, so wie noch einige andere aus meiner Abteilung. Für uns ist Musik per se etwas Wertvolles, auch ohne Anlass. Sie hat ihre eigenen Gesetze, ihre eigenen Regeln, und wenn man sie auf einen Verwendungszweck einengt, schadet man ihr nur.« Ich spitzte die Lippen. »Musik ist keine Dienerin, sondern eine Königin, nicht wahr?«

Der Herr Dworschak starrte mich verblüfft an. Natürlich, damit hatte er nicht gerechnet: dass ein Beamter des Kriegsministeriums zu kunsttheoretischen Höhenflügen ansetzen würde. Und ich war noch nicht am Ende!

»Für mich und meine Freunde ist Musik dann am gelungensten, wenn sie sich freimacht von der Welt, vom Alltag, von dem ganzen Erdenballast. Dass sich Tschechen und Österreicher um eine Sinfonie streiten – ist das nicht schrecklich? Eine Sinfonie ist doch kein Pamphlet, sondern Musik, Klang, schwingende Luft. Genießen wir sie!« Ich machte eine Pause und horchte meinen Worten nach. Dann fuhr ich fort: »Und deshalb möchten wir Sie beauftragen, Herr Dworschak. Weil Sie zu den Besten gehören.

Wir möchten kein Stück, das bloß dazu dient, den Soldaten Beine zu machen, sondern wir wollen etwas Besonderes. Ein Kunstwerk. Verstehen Sie?«

Er schaute noch immer wie vom Donner gerührt. Im Ministerium hatte man mir gesagt, dass der Kopf dieses Böhmen so voller Musik stecke, dass darin für andere Dinge kein Platz mehr sei. Selbst wenn er es wolle, könne sich der Herr Dworschak keinerlei Gedanken über sein Tun machen, geschweige denn über den Wert und den Sinn seines Tuns. Einer wie er folge im Prinzip bloß seinen Instinkten.

Ich wartete.

»Schön haben Sie das gesagt«, brummte er schließlich und begann, sich ausgiebig am Kopf zu kratzen. »Sehr schön. So …«, er überlegte, kratzte, überlegte weiter und meinte zuletzt: »Schön. Ja. Da fällt mir ein.« Seine Hand sank wieder in den Schoß, er sah mich an. »Ich muss meinen Hut holen. Normalerweise gehe ich nie ohne Hut nach draußen. Heute … Entschuldigen Sie bitte.«

Er sprang auf, bevor ich etwas erwidern konnte, stürzte zur Tür, riss sie auf und verschwand. Sprachlos starrte ich ihm hinterher. Als er nach wenigen Sekunden wiederkam, trug er einen steifen schwarzen Hut, einer Melone entfernt ähnlich, der in bemerkenswertem Kontrast zu seiner abgewetzten Kleidung stand. Einen Moment stand er unschlüssig vor mir, dann nahm er wieder auf der Bank Platz.

»Das ist wirklich ganz … ganz reizend und wunderbar, was Sie da gesagt haben, junger Mann. Wirklich. Die Kunst, die reine Kunst.« Eine schroffe Wendung des Kopfes. »Aber warum wollen Sie dann einen Marsch von mir?«

Ich schmunzelte. »Wenn es nach mir und meinen Freunden ginge, dürften Sie liefern, was Sie wollten. Eine Sinfonie, eine Tondichtung, eine Fuge – alles. Aber versuchen

Sie mal, das bei den Verantwortlichen durchzusetzen. Etwas anderes als ein Marsch war nicht vermittelbar. Auch der Kaiser könnte mit einer Sinfonie vermutlich wenig anfangen.« Ich zwinkerte ihm zu. »Wissen Sie, was? Schreiben Sie ein Stück, wie Sie es mögen. Hauptsache, es steht im Marschrhythmus und klingt feierlich. Einverstanden?«

Der Herr Dworschak streckte beide Beine aus und lehnte sich so weit zurück, dass er mit Schulter und Kopf gegen die Hauswand stieß. Dadurch kippte sein seltsamer Hut nach vorn über die Stirn. Seine Augen schauten gerade noch unter der Krempe hervor. Wie zu Beginn unserer Begegnung faltete er die Hände vor dem Bauch und ließ den Blick über die Landschaft schweifen, über das Dorf, Hügel und Wälder, die wenigen Wolken am Himmel und über all das, was er noch sah mit seinen kleinen, dunklen Augen. Dabei seufzte er schwer.

»Wir sollten auch über Ihr Honorar sprechen«, sagte ich.

Er nickte. Allerdings hatte ich das Gefühl, dieses Nicken sei weniger eine Reaktion auf meinen Einwurf als ein Echo dessen, was ihm die Natur einflüsterte, die weit ausgebreitet zu seinen Füßen lag. Er ging denn auch nicht weiter auf das Thema der Entlohnung ein, sondern fragte mich, was das für Menschen seien, die sich im Ministerium Gedanken über den Stellenwert von Musik machten.

»Kollegen«, antwortete ich. »Vor allem Leute in meinem Alter, die wie ich kunstinteressiert sind.«

»Und Sie arbeiten für das Heer?«

»Ein Widerspruch?«

Er schüttelte den Kopf, murmelte etwas von einem gewissen Rimsky, Offizier bei der russischen Marine, und schob seinen Hut aus der Stirn. Der rutschte aber gleich wieder zurück. »Frei vom Alltag«, brummte er. »Ja. Schön wäre das. Hilfreich.« Er räusperte sich. »Sind Sie – Sie und

Ihre Kollegen meine ich – sind Sie denn auch der Meinung, dass sich derjenige, der für die Musik sorgt, vom Alltag freimachen sollte? Der Komponist also. Nur Musik? Keinen Blick auf die Welt und all das?«

»Da würde ich unterscheiden. Sie sind ja nicht bloß Künstler. Sondern auch Privatperson, Bürger, Tscheche, Familienvater, Hausbesitzer, und als solcher sollen, ja müssen Sie sich mit der schnöden Welt auseinandersetzen. Aber doch nicht, wenn Sie komponieren. Die Vorstellung, dass Sie beim Erfinden einer Melodie an Alltägliches denken … an Dinge wie …«

»Wie böhmische Klöße?«, fiel er mir ins Wort.

»Meinetwegen.«

»Oder an das, was gerade in der Zeitung steht? Den Untergang der USS Maine zum Beispiel. Die Dreyfus-Affäre.«

Ich nickte widerstrebend. »An was auch immer. Jedenfalls fände ich diese Vorstellung grotesk. Kunst verliert durch solche Äußerlichkeiten. Oder?«

»Bestimmt«, nickte er. »Ganz bestimmt. Äußerlichkeiten, ja. Sie haben recht. Wobei …« Er hob eine Hand und wies Richtung Horizont. »Sind das für Sie Äußerlichkeiten? Das, was Sie da sehen?«

Ich folgte seinem Blick. »Wenn Sie die Natur meinen: nein.«

»Nein?«

Ich schüttelte den Kopf.

»Ah«, machte er. »So. Das also nicht. Dann frage ich mich … Nein, wir sollten … wir beide.« Es fielen noch einige weitere solcher kryptischen, aus dem Zusammenhang gerissenen Wörter – bis er sich plötzlich aufrichtete und mich prüfend von der Seite ansah. »Kommen Sie mit«, sagte er und stand auf.

Überrascht tat ich es ihm nach. »Wohin?«

»Ihre Tasche können Sie hierlassen. Die brauchen Sie nicht. Kommen Sie.«

Er öffnete die Tür seines Hauses und schritt voran. Drinnen war es dämmrig, es roch nach Holz und kaltem Rauch. Ich erkannte einen Flur und mehrere Türen. Vor einer blieb mein Gastgeber stehen, zog einen großen Schlüsselbund und probierte einen Schlüssel nach dem anderen aus. Keiner passte, oder besser: Beim ersten Versuch passte keiner, denn als er mit allen durch war, fing er wieder von vorne an, und siehe da, nun klappte es doch.

»Wer sagt's denn?«, freute er sich und hielt mir die Tür auf.

Ich trat ein, aber noch bevor ich Gelegenheit hatte, mich mit der Räumlichkeit vertraut zu machen, kam er hinter mir her und schloss die Tür. Augenblicklich wurde es stockfinster.

»Herr Dworschak?«, fragte ich misstrauisch. »Was wird das hier?«

»Moment. Einen Moment bitte.«

Ich hörte ihn die Wand abtasten. Endlich folgte ein Laut der Zufriedenheit, diesem ein Geräusch, wie wenn ein Schalter umgelegt wird, und im nächsten Moment flammte über uns ein Licht auf.

Verblüfft schaute ich zur Decke, mitten in die Helligkeit hinein. Niemals hätte ich erwartet, in diesem Haus weit ab von der Zivilisation elektrisches Licht vorzufinden!

»Wie wäre es mit einem Theaterbesuch?«, fragte der Herr Dworschak und drängte sich an mir vorbei. »Dann folgen Sie mir bitte.«

Schon stiefelte er davon. Ich wusste nicht, worüber ich mich mehr wundern sollte, über seine plötzliche Entschlossenheit oder über seine rätselhafte Bemerkung. Während ich ihm hinterher eilte, sagte ich mir, dass sein Haus größer sein musste, als es von außen den Anschein hatte, denn vor uns öffnete sich ein langer Gang, der von weiteren elektrischen Lampen erleuchtet wurde.

»Was für ein Theater?«, rief ich, doch ich bekam keine Antwort. Wir eilten weiter, bis der Gang an einer schweren Holztür endete. Mein Begleiter stieß sie auf und winkte mir erneut voranzugehen. Anstatt ihm Folge zu leisten, blieb ich mitten auf der Schwelle stehen. Was ich sah, verschlug mir den Atem. In einem halbrunden, gleißend hell erleuchteten Raum standen und bewegten sich Menschen, die Männer in Frack und Fliege, die Damen in prächtiger Abendgarderobe. Eine Mischung aus Rauch und Parfüm hing in der Luft, überall hingen Spiegel an den Wänden. Von dem Raum gingen verschiedene Türen ab, hinten rechts konnte ich ein säulenbewehrtes Portal erkennen, auf der linken Seite führte eine Treppe nach oben.

Ich spürte eine Hand auf meiner Schulter.

»Was ist? Gehen Sie weiter.«

Wehrlos ließ ich mich vom Herrn Dworschak in den Raum schieben.

»Bitte, wo sind wir hier? Wer sind diese Leute?«

»Kenne ich nicht.«

Er zerrte weiter an mir herum, aber nun reichte es mir. Ich blieb stehen und stampfte mit dem Fuß auf. »Herr Dworschak! Ich muss Sie bitten, mir zu erklären, was Sie vorhaben. Wo befinden wir uns und was machen all diese Leute hier?«

»Waren Sie noch nie im Theater? Das hier ist die Metropolitan Oper, und gleich beginnt die Vorstellung. Wir müssen uns beeilen.«

»Eine Vorstellung?«

»Ja.«

»Und die wollen Sie besuchen? Mit mir?«

Er nickte.

»Aber ich dachte … Sagten Sie nicht, Sie hätten keine Zeit? Was ist mit Ihrer Verabredung?«

»Ach, die.« Er wich meinem Blick aus. »Das war eine Ausrede. In Wahrheit … Es ist mir ein wenig unangenehm. Kommen Sie mit, ich erzähle es Ihnen.«

Wieder zupfte er mich am Ärmel. Nach kurzem Zögern folgte ich ihm. Wir wandten uns nach links und schritten die Treppe nach oben.

»Dieses Theaterstück«, sagte er im Gehen, »es ist kein richtiges Theater, verstehen Sie, eher eine Art Experiment. Und ich habe auch einen Auftritt, einen ganz kurzen nur. Wirklich sehr kurz.«

»Einen Auftritt? Spielen Sie Klavier?«

»Nein, nein, wo denken Sie hin! Ganz im Gegenteil. Ich soll ein paar Worte sprechen. Grußworte, wenn Sie so wollen, zur Zukunft Amerikas.«

»Wozu bitte?« Wir hatten das Ende der Treppe erreicht. Auch hier oben wimmelte es von Menschen, und ich schämte mich ein bisschen für unsere unpassende Kleidung. Vor allem der Herr Dworschak mit seinem verschlissenen Anzug und den ausgebeulten Hosen stach unschön aus der Menge hervor.

»Dort drüben«, sagte er und zeigte auf eine Tür, die von einem livrierten Diener aufgehalten wurde.

»Habe ich Sie eben richtig verstanden? Sie sollen …?«

»Ja«, rief er und hob im Gehen beide Arme – eine Geste, die etwas Verzweifeltes hatte. »Ich! Ausgerechnet ich. Die Zukunft Amerikas! Als wenn so ein kleiner Musiker aus Böhmen …« Er winkte ab.

»Aber wieso Amerika?«, stotterte ich und erwiderte das Kopfnicken, mit dem uns der Diener begrüßte. Auf seinen Wink betraten wir eine Loge, die abgesehen von ein paar gepolsterten Stühlen leer war. Unter uns lag ein gewaltiger Theaterraum, das Parkett schon ordentlich gefüllt, der Bühnenvorhang geschlossen. Der riesenhafte Raum schwirrte von Gesprächen. Hob man den Blick, sah man weitere Besucherränge, aus denen Köpfe und Schultern hervorlugten, insgesamt fünf Emporen übereinander.

»Amerika«, flüsterte ich wie gebannt, und im selben Moment fiel mir ein, dass ich schon einmal von einem Opernhaus namens Metropolitan gehört hatte. Es stand in New York, der Stadt der Neureichen, in die es den Herrn Dworschak ja für einige Jahre verschlagen hatte. Aber wie hatten sie ein ganz ähnliches Opernhaus hier in der böhmischen Provinz errichten können? Wer hatte es bezahlt, und wo kamen all die gutgekleideten Besucher her?

Solche Fragen und noch einige mehr lagen mir auf der Zunge, doch der Herr Dworschak, der dies wohl ahnte, drückte mich sanft auf einen der Stühle ganz vorn an der Brüstung. Er selbst nahm neben mir Platz und legte einen Finger auf die Lippen. Im nächsten Moment erlosch das Licht im großen Kronleuchter. Nach und nach wurde es still im weiten Rund. Am Ende blieb nur ein einziges Geräusch übrig, und zwar eines, auf das ich mir keinen Reim machen konnte: das Geräusch von Hammerschlägen.

Ich beugte mich vor und spähte in den Orchestergraben, aber der war verwaist. Wo kamen also die Hammerschläge her? Gehörten sie zur Vorstellung?

»Siegfried«, hörte ich meinen Nachbarn flüstern. »Wie bei diesem verdammten Siegfried!«

Das Gehämmer ging noch eine ganze Weile weiter. Endlich wurde der mächtige rote Vorhang sehr langsam in die Höhe gezogen.

Wir sahen einige Männer ein großes Holzgerüst errichten. Sie hatten ihr Werk schon so gut wie vollendet, befestigten hier noch ein Brett, schlugen dort einen Nagel ein. Seitlich führte eine einfache Treppe hoch zu einem Podest, das sich etwa drei Meter über dem Boden befand. In der Mitte des Podests ragte eine Stange empor. Zuletzt wurde ein Mann mit Farbeimer und Pinsel auf die Schultern genommen, um ein einzelnes Wort in großen schwarzen Lettern an dem Gerüst anzubringen: »JUSTICE«.

»Justice!«, rief das Publikum und applaudierte.

»Justice«, sagte der Herr Dworschak, indem er sich zu mir herüberbeugte, »Justice bedeutet Gerechtigkeit.«

»Ich weiß«, erwiderte ich errötend. »Man hat nicht umsonst Latein gelernt.«

Der Rufe verebbten. Das Gerüst war fertiggestellt. Seine Erbauer, schnauzbärtige Männer in groben Beinkleidern, Hemd und mit breitem Hut, traten an die Rampe und verbeugten sich. Dann verschwanden sie.

Ich wartete, dass etwas passieren möge, dass andere Darsteller aus den Kulissen träten, doch das war nicht der Fall. Einsam stand das Holzgerüst auf der leeren Bühne. Nichts tat sich, nichts bewegte sich ... Man hatte das Gefühl: die Ruhe vor dem Sturm. Und wirklich kam jetzt Wind auf, ein kalter Luftzug, der feinen Sand aufwirbelte. Welche Bühnenapparatur ihn erzeugte, war nicht zu erkennen. Dass es sich um keine gewöhnliche Windmaschine handeln konnte, ergab sich schon aus der Tatsache, dass die Kälte bis zu uns nach oben drang. Unwillkürlich begann ich, meine Hände aneinander zu reiben. War das der Hauch der Neuen Welt?

»Texas ist kalt im Februar«, hörte ich Herrn Dworschak murmeln.

Verstohlen musterte ich ihn. Meines Wissens hatte er in seiner amerikanischen Zeit den Süden nie betreten. Woher also sollte er den Staat Texas kennen, von dessen klimatischen Verhältnissen ganz zu schweigen? Stumm und finster schaute der Mann zur Bühne hinab, auf seiner eckigen Stirn spiegelten sich die Lichter des Opernhauses, und eine Hand fuhr immer wieder durch den ergrauten Bart.

Es war ganz still geworden in dem ungeheuren Raum.

Plötzlich aber wurden mehrere Türen gleichzeitig aufgestoßen, Freudenschreie hallten durch das Rund. Von allen Seiten strömten Menschen zwischen die Zuschauerreihen, lachten, schwenkten Hüte und Regenschirme.

»Der König kommt!«, riefen sie. »Ein Hoch auf den König!«

Ich gebe zu, die Überraschung war gelungen. Wohin ich auch blickte, wuselte es von Menschen, im Parkett, auf unserer Höhe, in den oberen Rängen. Die Mehrheit des Publikums schien mit diesem Überfall gerechnet zu haben, man amüsierte sich, nickte den Eindringlingen zu, zeigte auf den einen oder anderen, der sich besonders auffällig gebärdete. Ich sah zu meinem Begleiter hinüber. In seinem Gesicht keine Regung, wie eingesunken saß er da.

Es sollte jedoch noch besser kommen. Die hohe Flügeltür in der Mitte unseres Ranges sprang ebenfalls auf und gab den Blick auf zwei Maultiere frei. Von Knüppeln und Peitschen vorwärtsgestoßen, betraten die Tiere staksend die Loge. Und hinter ihnen ächzte ein hölzerner Wagen, wie man ihn auf dem Land bei Festen und Umzügen benutzt. Ganz oben saß ein schwarz geschminkter Mann auf einem Stuhl.

»Der König!«, riefen die Menschen und jubelten dem Schwarzen zu.

Nun, wenn das ein Thron war, dann ein recht wackliger. Drohte der bemalte Mann doch jeden Moment von seinem Stuhl zu fallen und damit vom Wagen oder gar über die Brüstung ins Parkett. Schauder und Belustigung hielten sich bei diesem Anblick die Waage.

»Auf Spektakel verstehen sich diese Leute«, rief ich dem Herrn Dworschak zu.

Statt einer Antwort zog er bloß die Schultern zusammen. Er schien zu frösteln. Und tatsächlich, über dem Auftritt der Maultiere hatte ich den kalten Wind, der durch die Oper wehte, ganz vergessen. Jetzt kam sogar Regen hinzu, nicht viele, aber eiskalte Tropfen, die wie Sterne auf unseren Kleidern haften blieben.

»Was ist das?«, fragte ich. »Wo sind die Apparate versteckt, die diesen Niederschlag erzeugen?«

Immer noch keine Antwort. Der Herr Dworschak starrte finster vor sich hin. Unter seinem böhmischen Dickschädel glomm ein drohendes Augenpaar. Nie sah er einem Metzger, bevor es ans Schlachten geht, ähnlicher als in diesem Moment.

»Was ist?«, raunte ich ihm zu. »Sollen wir verschwinden?«

»Unsinn!«, fuhr er mich an. »Jetzt beginnt der Spaß doch erst.«

Das Maultiergespann verschwand. Auch die vielen Menschen, die in die Zuschauerreihen geströmt waren, zogen durch die Türen nach draußen – nur um kurze Zeit später die Bühne zu bevölkern. Unter Jubel und Hurrarufen wurde der schwarze König auf seinem Stuhl zum Gerüst getragen und dort auf das Podest geführt. Oben riss man ihm die Kleider vom Leib – auch sein Rumpf, Arme und Beine waren aufs Sorgfältigste mit schwarzer Farbe bestrichen – und band ihn an der hochaufragenden Stange fest. Die Dauer, die dieser Vorgang beanspruchte, ließ darauf schließen, dass sein Ziel vollständige Bewegungslosigkeit war.

Währenddessen wurden von allen Seiten Bretter, Papiere, Bücher, Stoffreste, Baumschnitt und trockenes Heu angebracht und zu einem großen Haufen unter dem Gerüst aufgeschichtet. Der Sinn dieser Maßnahme erschloss sich mir nicht, zumal die Menge zwar hauptsächlich aus wettergegerbten, bärtigen Männern mit breitkrempigen Hüten bestand, sich in ihr aber auch zahlreiche Damen befanden und sogar etliche Kinder. Diese wurden nun von ihren Vätern oder Onkeln auf die Schulter gehoben, damit sie freie Sicht auf das Gerüst hatten.

Weit hinten in der Tiefe der Bühne standen einige Bäume. Auch sie hingen voll von Menschen, die sich das Folgende auf keinen Fall entgehen lassen wollten. Ich entdeckte einen Fotografen, der in schwindelnder Höhe höchst virtuos mit seiner sperrigen Apparatur hantierte.

Neben mir streckte sich der Böhme. Er setzte sich aufrecht, holte Luft, ließ die Schultern kreisen und rollte mit den Augen. Als er mir danach ins Gesicht blickte, war sämtlicher Grimm aus seinen Zügen entschwunden.

»Die Amerikaner«, sagte er, »sind ein verteufelt lustiges Volk. Aber«, er breitete die Arme aus, »wer sind eigentlich die Amerikaner? Sind sie Iren, Engländer, Franzosen? Oder Deutsche? Neger, Indianer, Mulatten? Drüben in Idaho leben Landsleute von mir, Einwanderer aus Böhmen. Sie leben in Dörfern, wo nur Tschechisch gesprochen wird. Wo es tschechisches Bier gibt und tschechische Knödel. Was sagen Sie dazu?«

»Es soll ein großes Land sein, dieses Amerika«, antwortete ich vorsichtig.

»Ich frage mich allerdings, ob dort unten«, er zeigte auf die Bühne, »auch Tschechen dabei sind. Ein Novák oder ein Pospíšil, den es nach Texas verschlagen hat.«

Ich folgte seinem Blick. Der König, entkleidet bis auf einen Lendenschurz, stand allein und regungslos an seinem Pfahl, hoch über der Menge. Niemand sonst befand sich auf dem Gerüst. Jetzt erst erklomm ein Mann mit kräftigem

Schnauzbart schwerfällig die Stufen. Ein etwa 15-jähriger Knabe und zwei weitere Männer folgten ihm. Oben lehnte sich der Bärtige gegen das Geländer, ließ seinen Blick über die Zuschauer schweifen, um dann mit theatralischer Geste auf das Wort zu deuten, das auf den Brettern geschrieben stand.

»Justice!«, schrie die Menge wie aus einem Mund.

Auf dieses gemeinsame Fanal hin straffte sich der Mann. Während er den dreien, die sich mit ihm auf dem Gerüst befanden, feierlich die Hand schüttelte, stieg eine weitere Person nach oben. Dieser Mann trug einen Kessel, in dem weißglühende Eisen dampften. Er stellte den Kessel ab und überreichte dem Bärtigen eine Zange. Danach stieg er die Holztreppe wieder hinab. Stille kehrte ein. Ich sah, wie der Bärtige mit der Zange eines der glühenden Eisenstücke aus dem Kessel nahm und es einen Augenblick prüfend in der Luft hielt. Anschließend beugte er sich herab und drückte es dem König unter die schwarz bemalten Fußsohlen.

Da alles – das Gerüst, die Bärte, das weißglühende Eisen und sogar die Farbe des Königs an der Stange – so täuschend echt aussah, wunderte es mich in keiner Weise, dass der gebundene Mann einen grässlichen Schrei des Schmerzes hören ließ. Umso mehr wunderte ich mich über die Tatsache, wie diese Täuschung gelingen konnte. Die texanische Schauspieltruppe musste die Gegenstände im Kessel mit einer besonderen Leuchtfarbe beträufelt haben, um den verblüffenden Gluteffekt zu erzwingen. Aber wie kam dann der Rauch zustande, der von jener Stelle aufstieg, an der das Eisen die menschliche Haut berührt hatte?

»Sie werden es nicht glauben«, flüsterte mir Herr Dworschak zu, »aber gerade eben ist mir ein Gedanke für meine neue Sinfonie gekommen.«

»Jetzt? Hier, in dieser Umgebung?«

Er schmunzelte.

Gerne hätte ich mich ausführlicher über diesen Punkt mit ihm ausgelassen, doch ein erneuter Schrei des Königs ließ mich zur Bühne blicken. Der Bärtige hatte ihm das Eisen unter die andere Sohle gehalten, und auch hier erhob sich sofort eine feine, dunkle Rauchsäule. Während der gellende Schrei des Schwarzen noch in der Luft hing, vermischte er sich mit dem Geheul der Umstehenden, die den Schrei aufnahmen, ihn verlängerten, verstärkten und weit über die Prärie trugen. Der Mann mit dem Schnauzer hielt seine Zange in die Höhe, wofür er tosenden Beifall erntete.

»Justice!«, tönte es wieder vielstimmig aus der Menge.

»Es heißt Gerechtigkeit«, erklärte Herr Dworschak, mir die Hand tätschelnd.

Erbost blickte ich ihn an. Erlaubte sich der Mann einen Spaß mit mir? Aber er schaute so treuherzig, so böhmisch jovial, dass ich annehmen musste, er habe seine Bemerkung von vorhin tatsächlich vergessen.

»Ja«, sagte ich. »Gerechtigkeit.«

Auf dem Podest warf der Bärtige das Eisen in den Kessel zurück und entnahm ihm ein neues. Auch dieses erfüllte seine Pflicht. Jede Zehe wurde einzeln der Prozedur des Verbrennens unterzogen, erst am rechten Fuß des Königs, dann am linken. Anschließend ging es ohne Hast über Fußrücken und Knöchel nach oben, das Schienbein entlang bis zum Knie. Immer, wenn das Eisen auf Haut traf, entfuhr dem Gefesselten ein langgezogener Schrei, und mit ebensolcher Regelmäßigkeit antwortete ihm das Johlen der Zuschauer. Das erinnerte mich an die alte Musikpraxis des Vor- und Nachsingens, die sich ja gerade unter den Plantagenschwarzen großer Beliebtheit erfreuen soll. Auf diese Weise rollten unablässig klangvolle Wellen durch das Opernhaus. Der Bärtige indes schien von seiner Arbeit ebenso befriedigt wie erschöpft, weshalb er die Zange nach geraumer Zeit an einen seiner Begleiter weiterreichte. Der nahm sich mit frischem Mut und neuem Eisen des königlichen Knies an.

Die Menge applaudierte unverdrossen.

»Sagen Sie, Herr Dworschak«, raunte ich meinem Nachbarn zu. »Wie ist es möglich, dass dieses Strafgericht so verblüffend echt wirkt? So lebensecht?«

Er beugte sich zu mir herüber. »Nennen Sie mir eine Technik, die die Amerikaner nicht beherrschten.«

»Aber woher stammt der Rauch, der von den Gliedern des Mannes aufsteigt? Könnte der schwarzen Farbe ein entsprechendes Pulver beigemischt sein?«

»Ich weiß es nicht.«

»Und der Zustand des Eisens: Man glaubt ja fast, echte Glut zu sehen. Wenn ich mich nicht täusche, riecht es sogar verbrannt.«

Er schnupperte. Ja, der große Komponist hielt seine kleine Nase in die Höhe und sog so kräftig Luft ein, dass seine Bartspitzen ins Zittern gerieten. Aber wenn er den Geruch verbrannten Fleisches wahrnahm, verschwieg er es mir. Vielleicht wollte er die Nähe zur Realität, die dieses Theaterstück auszeichnete, nicht wahrhaben. Der Herr Dworschak war eben ein Romantiker, das hatte man mir schon in Wien gesagt.

Wildes Gebrüll ließ uns nach vorne schauen. Mittlerweile hatte der dritte Texaner auf dem Podium die Zange – man möchte sagen: den Zeremonienstab – übernommen, um mit diesem die Oberschenkel des Königs zu bearbeiten. Der warf sich, soweit es die Fesseln erlaubten, an seiner Stange hin und her, und ich bewunderte den unermüdlichen Einsatz dieses Mannes, dem die festgezurrten Seile doch bestimmt so manches Ungemach bereiteten. Erneut setzte Regen ein.

Es war bitter kalt in der Oper, bitter kalt in Texas, und einige der Zuschauerdarsteller spannten Schirme auf, klappten sie aber nach Protesten der hinter ihnen Stehenden wieder zusammen. Die Fotografen oben in den Bäumen walkten ihre klammen Finger zwischen zwei Aufnahmen.

»Die Amerikaner«, hörte ich meinen Nebenmann sagen, »sind uns technisch in allen Belangen voraus. In allen! Schon im Bürgerkrieg, und der ist dreißig Jahre her, haben sie Unterseeboote eingesetzt. Das müssen Sie sich einmal vorstellen: Unterseeboote! Unsereins schlägt sich mit Generalbass und Kontrapunkt herum, und die Amerikaner gehen tauchen, ohne sich nass zu machen.«

Er wartete eine Schreipause des Königs ab, der nun in nächster Nähe zu seinen Lenden traktiert wurde, dann fuhr er fort.

»Sie sollten ihre Eisenbahnen sehen. Wahre Wunderwerke! Schade, dass die Bahnhöfe in New York so weit außerhalb liegen. Es kostet mich einige Mühe, dorthin zu kommen. Außerdem gibt es hier die Regel, dass nur Reisende mit Fahrschein auf die Bahnsteige dürfen.« Er streckte sich. »Trotzdem lasse ich natürlich keine Gelegenheit aus, mir die Lokomotiven der großen Linien anzuschauen. New York, Chicago, Baltimore …«

Auf der Bühne erhob sich ein wahrer Beifallssturm, dessen Ursache rasch ersichtlich war. Feierlich überreichte der Bärtige dem Knaben, der neben ihm auf dem Gerüst stand, die Zange. Ich bekenne, dass mir dieser Anblick Unmut bereitete. Sollte nun auch der Junge an dem archaischen Ritual teilnehmen? Sicher, es war nur ein Theaterstück, und doch widerstrebte mir die Vorstellung. Kaum hielt der Halbwüchsige die Zange in der Hand, tauchte er sie in den Kessel, um ein frisches Eisenstück herauszuklauben.

»Was sagen Sie dazu, Herr Dworschak?«, zischte ich.

»Die Häfen von New York kann ich ihnen auch empfehlen«, entgegnete er. »Bei den Kapitänen habe ich schon meinen Ruf weg. Weil ich so neugierig bin. Die meisten führen mich gern über ihr Schiff, erklären mir alles und lassen mich in jeden Raum schauen. Ja, dass sich ein Musiker für ihre Fahrzeuge interessiert, das erleben diese Leute nur selten.«

»Da!« Ich zeigte nach vorne. Der Knabe hatte die Zange mit beiden Händen gepackt und stieß das glühende Eisen gegen den Bauch des schwarzen Königs, der das erwartete viehische Geheul hören ließ. Als der Knabe daraufhin zurückschreckte, erklärte ihm der Bärtige, offenbar sein Vater, wie er die Zange führen, wo er gegen die Haut drücken und wie lange er den Druck aufrecht halten sollte. Ich sah, wie die Hände des Jungen zitterten. Er wagte einen zweiten Versuch und zog die Zange nun nicht zurück, so sehr der König auch brüllte und sich aufbäumte. Das Publikum dankte mit starkem Beifall und zahlreichen aufmunternden Zurufen. Kleine Kinder, die auf den Schultern ihrer Väter saßen, patschten begeistert in ihre Händchen und strahlten über das ganze Gesicht.

»Es tut mir leid, Herr Dworschak«, sagte ich kopfschüttelnd, »aber mit dieser Wendung bin ich nicht einverstanden. Worin soll der tiefere Sinn einer solchen Szene bestehen? Dass auch Knaben Gerechtigkeit ausüben können? Dass sich Kinder zu Richtern aufschwingen dürfen?«

Mein Nachbar antwortete nicht, doch ich meinte seine Augen bei dem Wort »Kinder« aufleuchten gesehen zu haben.

Nachdem der Sohn des Bärtigen seine Pflicht erfüllt hatte, trat eine Pause ein. Ein Mann wurde nach frischer Eisenglut geschickt. Im Publikum ruhte man sich von der Anstrengung des Zuschauens aus. Eifrig wurde das

Geschehen erörtert, Argumente für und wider das Rösten in der Öffentlichkeit schwappten durch die Reihen. Ein Geistlicher schwarzer Hautfarbe – in diesem Fall war ich geneigt, sie für echt zu halten – tappte wie irr durch das Publikum und stammelte von der Gerechtigkeit Gottes, die etwas anderes sei als die Gerechtigkeit der Menschen, woraufhin er einen Fußtritt bekam und in den Kulissen verschwand. Endlich traf der Kessel ein, und die Handlung konnte fortschreiten.

»Wenn meine Agoraphobie nicht wäre«, hörte ich den Herrn Dworschak sagen, »ließe ich mich noch viel häufiger draußen bei den Kais sehen. Wissen Sie, was das ist: Agoraphobie?«

Ich schüttelte den Kopf.

»Die Angst vor großen, freien Plätzen. Ein schönes Wort für eine hässliche Sache. Mitten in der Stadt kann ich plötzlich keinen Fuß mehr vor den anderen setzen. Ich, ein erwachsener Mann! Dabei geht es nur darum, einen Platz zu überqueren. Ist das nicht zum Lachen?«

Ich lachte nicht, denn wieder füllte tierisches Geheul den Zuschauerraum bis in den hintersten Winkel. Der Regen hatte nachgelassen, auch die Kälte war nicht mehr so schneidend wie anfangs, und doch fröstelte mich. Das fragwürdige Schauspiel, das uns geboten wurde, trug nicht dazu bei, meine Stimmung zu heben. Zu vorhersehbar war sein Ablauf, seine Moral dürftig. Dass Gerechtigkeit auch in den wildesten Regionen der Neuen Welt zu herrschen hatte, das schrieben die glühenden Eisenstücke dem Leib des schwarzen Königs eindrucksvoll, wenn auch auf Dauer recht ermüdend ein. Zentimeter für Zentimeter arbeiteten sich der Bärtige und seine Helfer den Delinquentenkörper nach oben, sekundiert vom immergleichen Gebrüll des Königs und dem Echo des Publikums. Als sie die Brustwarzen des Mannes erreichten, begann ein Muskel unter meinem linken Auge zu zucken.

Der Herr Dworschak schien zu spüren, dass sich gewisse Bereiche meines Körpers gegen die Zumutungen der Handlung sträubten. Jedenfalls legte er mir beruhigend eine Hand auf den Arm und sagte: »Er ist ein Mörder.«

»Wer? Der König?«

»Es heißt, er hat eine Dreijährige umgebracht. Umgebracht und geschändet.«

»Widerlich!«, entfuhr es mir. »Was sind denn das für Geschichten?«

Er zog eine bedauernde Miene und hob die Schultern. Aber so leicht wollte ich ihn nicht davonkommen lassen.

»Lieber Herr Dworschak«, sagte ich, »bei allem Verständnis für die rauen Sitten und die ungeschlachte Darstellungsweise anderer Länder muss ich doch sagen, dass mir dieses Stück zu stark ist. Die Handlung abgeschmackt, die Charaktere grob. Mit Kultur hat das nichts zu tun.«

»Da mögen Sie recht haben.«

»Überhaupt nichts!«

»Bitte«, lächelte er, »seien Sie großzügig mit den Amerikanern. Sie sind eine junge Nation. Sie müssen sich noch finden.«

Ich zuckte mit den Achseln. Natürlich, was er da sagte, war eine Binsenweisheit: Während wir Europäer uns auf das Fundament einer jahrhundertealten Kultur stützen können, bewegen sich die Völker in Übersee auf dünnem Eis. Um dem Herrn Dworschak einen Gefallen zu tun, nahm ich mir vor, meine Kritik einstweilen hintanzustellen und mich stattdessen auf den Einsatz und den guten Willen der Darsteller zu konzentrieren. Wie zum Beleg dessen heulte unten der schwarze König auf und unternahm verzweifelte Versuche, seine Fesseln zu sprengen.

Die Intensität und Ausdauer, mit denen er sich seiner Rolle widmete, war nicht anders als bewundernswert zu nennen, auch wenn sie dem Schicklichen und Kunstedlen widersprach. Diese Lungenkraft! Das wilde Augenrollen, wenn das Feuer ihn versengte, das Hin- und Herwerfen seines muskulösen Körpers in heftigster Agonie. Ein so urtümliches Rollenverständnis findet sich in ganz Europa nicht mehr, vielleicht mit Ausnahme der Passionsspiele in den Alpenländern.

Auch das Publikum auf der Bühne bewährte sich in dieser Hinsicht. Da gab es kein Nachlassen des Interesses, sondern große, bisweilen freudige Anteilnahme, es gab Applaus und Hüteschwenken, die feinen Damen winkten mit Taschentüchern, Männer schüttelten ihre Faust. In der Menge entdeckte ich zudem etliche Protokollanten, Zeitungsreporter vermutlich, die jedes Detail der Handlung, jede Regung des Königs, jeglichen Kommentar aus dem Publikum für die Nachwelt festhielten.

Inzwischen hatte der Knabe wieder zur Zange gegriffen. Seine Hände zitterten noch stärker als zuvor, und doch führte er das Eisen schwungvoll zur Halspartie des Gefesselten. Anschließend: Geheul, Jaulen, Winseln, das Echo der Zuschauer, der lange Nachhall. Ich schlug die Beine übereinander und legte beide Hände zwischen die Oberschenkel, um sie zu wärmen.

»Das Jungchen«, kam es von der Seite, »ist der Bruder der Ermordeten. Bei den Männern handelt es sich um den Vater und zwei Onkel. Nur damit Sie Bescheid wissen.«

»Danke. Was meinen Sie, wird das Stück noch lange dauern?«

Er lachte. »Das ist die Neue Welt, mein Freund! Die Neue Welt.«

Bei meiner Beschreibung der Vorgänge habe ich die

Reaktionen des Publikums völlig vergessen. Nicht die der Publikumsdarsteller auf der Bühne, sondern des Opernpublikums, das mit uns im Zuschauerraum der Met saß und dem Geschehen aus der Distanz folgte. Zunächst hatte es still und interessiert dagesessen, seine Zurückhaltung aber nach und nach aufgegeben, um zuletzt ähnliche Verhaltensweisen zu zeigen wie die Schauspieler auf der Bühne. Immer wieder drangen nun Rufe und Anfeuerungen zu uns nach oben, es gab Szenenapplaus, einige schwenkten sogar mitgebrachte Hüte. Und weil die Vorwitzigsten aus Reihe eins auf die Bühne kletterten, während umgekehrt ein paar Publikumsdarsteller ins Parkett stiegen, um mit den Besuchern über die Handlung zu diskutieren, verschwammen die Grenzen zwischen den beiden Zuschauergruppen zusehends. Auch dies eine theatralische Neuerung, die ich mit größter Skepsis zur Kenntnis nahm.

Währenddessen neigte sich das Treiben auf dem Podest seinem Ende zu. Nur das Gesicht des Schwarzen hatte noch keine Bekanntschaft mit den glühenden Eisen gemacht, und bevor es dazu kam, musste ein neuer Kessel her. Zeit für alle Beteiligten, ein wenig zu verschnaufen. Allein der König wimmerte und jaulte zum Gotterbarmen.

»Tauben«, hörte ich den Herrn Dworschak murmeln. »Es gibt sie auch in New York. Stadttauben, sie sind ganz anders als die in Vysoká. Aber es gibt sie. Sie sitzen an den Fenstern unserer Wohnung in der 17. Straße, und ich habe oft Muße, sie zu beobachten.«

Ich schwieg.

Der Kessel kam, begeistert akklamiert von sämtlichen Zuschauern. Da nun ohnehin abzusehen war, wie sich die weitere Handlung gestalten würde, lohnte es sich im Grunde kaum noch, dem Geschehen zu folgen. Doch der Anblick des verzweifelten Negerdarstellers, mit seinen riesigen, von

Schmerz und Todesangst unnatürlich weit aufgerissenen Augen, als sich das glühende Eisen seinem Gesicht näherte, zog mich in seinen Bann. Nacheinander waren sein Kinn, seine Wangen, Ohren und Nase an der Reihe. Die Menge jubelte, schrie »Justice!«, immer wieder, und das Gebrüll des rauchumhüllten Mannes ergoss sich wie eine Flüssigkeit über uns.

»So allmählich sollten wir an Aufbruch denken, Herr Dworschak«, raunte ich meinem Nebenmann zu.

Er kniff ein Auge zusammen und sah mich an. »Hören Sie das?«

»Was?«

»Die Schreie.«

»Wie soll ich sie nicht hören?«

Er wartete eine Pause im Geheul des Königs ab, dann fragte er: »Und jetzt?«

»Ich verstehe nicht.«

»Was passiert, wenn das Stück vorbei ist? Hören Sie die Schreie dann immer noch?«

»Herr Dworschak, bitte, was sollen diese Fragen?«

»Ich meine ja nur. Die Technik, wissen Sie. Angeblich haben die Amerikaner ein Verfahren erfunden, womit man Geräusche auf Rollen festhalten kann. Wie Schriftzeichen.«

»Geräusche?«

»Lärm, Gespräche, Musik. Einfach alles, was klingt. Schreie natürlich auch.«

»Moment, wollen Sie damit sagen, dass dieses Theaterstück …«

Er nickte heftig. In seinen Augen stand ein rätselhafter Glanz.

»Sie meinen, die Theaterleitung versucht, all das, was wir gerade hören …«

»Akustisch aufzuzeichnen, ja. Lachen Sie nicht, den

Amerikanern traue ich alles zu. Denken Sie an die U-Boote!«

»Ich lache nicht«, erwiderte ich kalt. »Ganz im Gegenteil, ich finde es eher zum Heulen, dass man für solche Errungenschaften keinen besseren Verwendungszweck findet. Ausgerechnet dieses Schauerstück!«

»Ja, aber bedenken Sie, was das für uns Musiker bedeutet. Klänge, die zu Gegenständen werden. Eine ganze Sinfonie auf einer Wachsrolle, stellen Sie sich vor.«

Kopfschüttelnd wandte ich mich wieder dem Bühnengeschehen zu. Dabei fragte ich mich, ob der mehrjährige Aufenthalt in den Staaten den moralischen Kompass des Herrn Dworschak nicht aus dem Lot gebracht hatte. Warum schleppte er mich hierher, warum ließ er mich Zeuge dieses Machwerks werden? Waren dort unten tatsächlich Hilfstruppen der Direktion unterwegs, um das gesamte Stück in Wachs zu bannen, von den ersten Hammerschlägen bis zum letzten Schrei des Königs? Entdecken konnte ich keinen, aber das musste nichts heißen.

»Eine ganze Sinfonie«, kam es heiser von der Seite.

Ich schwieg und starrte nur nach unten. Gerade sprach der Bärtige zu den Umstehenden, eine ganze Reihe wohlklingender alttestamentarischer Wendungen gebrauchend, und kündigte einen Höhepunkt der Handlung an. Dieser bestand wie zu erwarten darin, dass er dem Gefesselten das Eisen erst auf das eine Auge drückte, dann auf das andere. Er trieb es, ich konnte es genau sehen, durch das Lid auf den Augapfel durch, bis dieser gänzlich verschmort war. Einmal mehr konnte ich über die unfassbare Detailgenauigkeit der Darstellung nur staunen, von der verdampfenden Haut bis zum aufsteigenden Rauch, vom Geruch nach verbranntem Fleisch bis zu den Zuckungen und Aufbäumungen des malträtierten Körpers. Das Opfer brach denn auch passend zu seiner ausweglosen Situation in wüste Beschimpfungen aus. Es verfluchte den Bärtigen, seine Familie und alle Umstehenden mit einer Inbrunst, die ich von europäischen Akteuren nicht kannte. Die Menge hörte sich das eine Weile an, dann forderte sie den Bärtigen unmissverständlich auf, dem König das lose Maul zu stopfen. Was dieser auch tat. Er nahm ein neues Eisen aus dem Kessel und schob es dem Schwarzen tief in den Rachen, bearbeitete Zunge, Gaumen, Zähne. Man meinte es regelrecht schmurgeln zu hören.

»Genug!«, rief ich mit bebender Stimme. Ich saß nicht mehr, sondern stand über die Brüstung gelehnt, beide Hände um das Geländer geklammert. »Hören Sie auf! Das ist ein menschenunwürdiges Spektakel! Nirgendwo in der gesamten zivilisierten Welt ergötzt man sich an derartigen Monsterstücken. Ich bitte Sie!«

Ein paar Zuschauer, die meine Rufe vernommen hatten, auf der Bühne sowohl als auf den Plätzen, schauten nach oben. Die Blicke, die ich erntete, waren teils neugierig, teils verständnislos, es gab Gelächter und Zurückweisungen, dann widmete man sich wieder dem Geschehen auf dem Gerüst. Meine Fingerknöchel liefen weiß an, mein Mund bewegte sich auf und zu, doch es war vergebens. Niemand hörte auf mich.

Als ich endlich in meinen Stuhl zurückglitt, um mich meinem Nachbarn zuzuwenden, blickte ich auf einen leeren Platz. Fort war er, der Herr Dworschak! Aber warum? Und wohin war er verschwunden? Wollte er nichts mehr mit mir zu tun haben? War ihm meine Einmischung unangenehm?

Mit zitternden Händen wischte ich mir den Schweiß von der Stirn. Er konnte mich doch nicht einfach so zurücklassen. In einem Opernhaus, das mir gänzlich fremd war! Wie sollte ich nun hinausfinden? Bei all den Türen, den Gängen?

Während mir diese Fragen durch den Kopf schossen, fiel mein Blick auf die Bühne. Der Bärtige und seine Helfer waren an den hinteren Rand des Gerüsts getreten, den Kessel mit den glühenden Eisen hatte man fortgetragen. Endlich schien sich das Geschehen zu beruhigen. Nur der malträtierte König spielte seine Rolle unverdrossen weiter, bäumte sich auf, zerrte an den Stricken, winselte und jammerte, aber all dies mit nachlassender Kraft. Sein Körper bot einen Anblick zum Fürchten. Nicht eine Handbreit war von der Tortur verschont geblieben, überall warf und krauste sich das verschmorte, verbrannte Fleisch. An manchen Stellen traten die Knochen hervor.

So sehr fesselte mich dieser Anblick, dass ich den Mann, der eben die Stufen des Gerüsts erklomm, zunächst nicht beachtete. Erst als er neben dem König stand, erkannte ich ihn: Es war der Herr Dworschak. Mein Dworschak!

Zur Salzsäule erstarrt saß ich da. Nur mein Kopf schüttelte sich wie von selbst. Was hatte der Herr Dworschak in diesem Schauspiel verloren? Ein Taubenzüchter zwischen all den wetterfesten Cow-Boys und Sheriffs! Er würde doch nicht … Herrgott, ein Europäer! Aber vielleicht war es ja umgekehrt, vielleicht erhob er Einspruch gegen den derben Naturalismus des Stücks? Am Ende las er den Leuten ordentlich die Leviten? Einer musste die Kunst gegen das Spektakel verteidigen!

Ich sah ihn die Hand heben. Von der Physiognomie und der Kleidung hätte er als Texaner durchgehen können, nur sein kürbisartiger Hut passte nicht zu denen der anderen. Er hob also die Hand, da stellte sich ein Mann aus dem Bühnenpublikum, dem Anschein nach ein Pfarrer, auf die Zehenspitzen und rief: »Eine Rede! Eine Rede zur Lage der Nation!«

Beifälliges Gemurmel kam auf, Nicken und Applaus. Der

Herr Dworschak ließ die Hand sinken. Es sah nicht aus, als sei er besonders glücklich über diesen Vorschlag, doch so sicher konnte man bei diesem böhmischen Rundschädel nie sein. Zu seinen Füßen prangte der Schriftzug »Justice«, hinter ihm kokelte der Leib des Schwarzen vor sich hin. Ein scharfer Wind fuhr durch das Opernhaus.

»Ich bin überzeugt«, hörte ich den Herrn Dworschak sagen, »dass die zukünftige Musik dieses Landes ...«

»Bravo!«, wurde er unterbrochen. Hüte flogen durch die Luft, Beifall brandete auf.

»Er kommt aus Europa!«, brüllte jemand. »Er wird eine Sinfonie für uns schreiben.«

»Über uns«, wusste ein anderer. »Eine Sinfonie über uns!«

Der Herr Dworschak schwieg. Er wartete, bis sich die Begeisterung gelegt hatte, um dann von Neuem zu beginnen. Aber wieder konnte er seinen Satz nicht zu Ende sprechen. Allgemeiner Jubel schnitt ihm das Wort ab. Erst als der Bärtige nach vorne trat und um Ruhe bat, trat Stille ein.

»Ich bin überzeugt«, fing er zum dritten Mal an, »dass die zukünftige Musik dieses Landes« – alles hielt den Atem an, auch ich – »auf dem basieren muss, was man Negerlieder nennt.« Dabei wies seine Hand, wies sein ausgestreckter Arm auf den schwarzen Klumpen Fleisch in seinem Rücken. Und just zu dem Stichwort »Negerlieder« ließ der gefesselte König einen wimmernden Klagelaut hören, der, obwohl er aus verbrannter Kehle kam, nicht ohne musikalischen Reiz war.

»Diese schönen und vielfältigen Lieder«, fuhr der Herr Dworschak fort, »sind das Produkt des Landes. Sie sind amerikanisch.«

Ein spitzer Schrei im Publikum ließ ihn innehalten. Eine Dame aus den besseren Kreisen war ohnmächtig geworden und zu Boden gesunken. Man kümmerte sich um sie, hielt ihr ein Riechfläschchen unter die Nase und hob sie schließlich auf einen Wagen. Währenddessen wurde ein Blatt Papier durch die Menge gereicht. Einer gab es dem Nächsten weiter, bis es am Gerüst angelangt war. Der Bärtige beugte sich vor und nahm das Papier mit derselben Zange entgegen, die vorher zum Traktieren des Königs gedient hatte.

»In diesen Negerliedern«, hörte man den Redner sprechen, doch der Bärtige unterbrach ihn, indem er ihm eine Hand auf den Unterarm legte. Mit der anderen hob er die Zange, die das Blatt hielt.

»Der Neger«, las der Bärtige mit einer sehr angenehmen, wohlklingenden Stimme, »ist eine Bedrohung für die amerikanische Kultur. Animalisch ist er, durch und durch. Zivilisation und der Fortschritt der Zivilisation sind letztlich bedeutungslos für ihn.«

Ein Windstoß riss ihm das Blatt aus der Zange. Es landete hinter dem Gerüst in der Menge, wurde aber von hilfreichen Händen wieder nach oben gereicht. Diese Unterbrechung nutzte der Herr Dworschak, um erneut das Wort zu ergreifen.

»In den Plantagengesängen«, sagte er, »finde ich alles, was man braucht, um eine bedeutende und vornehme Schule der Musik zu begründen.«

»Neger sind per se animalisch«, hielt der andere freundlich dagegen. »Also sind auch ihre Lieder animalisch.«

»Sie sind pathetisch.«

»Ich bitte Sie.«

»Zart sind sie, leidenschaftlich, melancholisch, feierlich, religiös, verwegen, lustig, fröhlich.«

»Sie sind animalisch.«

»Sie sind amerikanisch.«

Jetzt entstand Bewegung im Publikum. Auf der Bühne eilten einige der Männer in die Kulissen, um weiteres Brennmaterial zu besorgen: Stoffe, Bretter, Heuballen. Alles wurde unter dem Holzgerüst aufgeschichtet. Auch aus dem Zuschauerraum beteiligten sich etliche. Sie brachten Programmzettel und ganze Bücher, warfen Schals und Umhänge auf den Stapel, einer schleppte sogar einen Klappsitz an. Andere wiederum verließen das Opernhaus. Ich weiß nicht, ob sie wie ich genug von dem Stück hatten, ob sie verabredet oder einfach gelangweilt waren. Die meisten allerdings blieben. Manche beteten, andere unterhielten sich mit ihren Nachbarn. Auf dem Gerüst sprach der Bärtige.

»Der Neger«, sagte er, »ist, was er physisch, intellektuell und moralisch durch das unveränderbare Gesetz seiner Herkunft ist. Durch den großen Schöpfer wurde er geschaffen, um ein Verbindungsstück in der langen Kette der Lebewesen zu bilden, und wenn unsere Regierung ihn von seiner Ursprungsposition entfernte, ihn in einen Rang erhob, für den er nicht geeignet ist, wenn sie ihn mit Rechten und Privilegien belohnte, die er weder verdient, noch mit denen er umgehen kann, so begeht sie einen Fehler.« Er ließ das Blatt sinken. »Einen Fehler wider die Schöpfung.«

»Ich werde eine Sinfonie schreiben«, sagte der Böhme, »voller Eigenheiten, die deutlich amerikanisch sind. Negerlieder sind amerikanisch.«

Der Bärtige legte ihm wie zuvor eine Hand auf den Unterarm. »Und der hier?«, fragte er mit einem Blick auf den König. »Wer brachte diesem minderwertigen Element seiner Rasse bei, dass Neger dem weißen Mann und der weißen Frau gleich seien und genauso gut wie sie? Wer ließ diese brutalen Kreaturen glauben, es sei ihr Recht, in den heiligen Kreis der Familie einzudringen?«

»Der liebe Gott vielleicht?«

»Hören Sie, Dworschak: Lynchjustiz wird es in den Vereinigten Staaten exakt so lange geben, wie noch ein Neger unter uns lebt.«

Der Angesprochene machte sich los und wandte sich wieder dem Publikum zu, das allerdings mit dem Aufschichten des Brennmaterials beschäftigt war. »Negerlieder«, sagte er. »Sie müssen die Grundlage einer jeden ernsthaften und originellen Schule der Komposition sein, welche in den Vereinigten Staaten entstehen soll. Ich danke für Ihre Aufmerksamkeit.«

»Justice!«, brüllte einer aus der Menge und erntete Applaus.

Den Bärtigen und seine Sippschaft im Schlepptau, verließ der Herr Dworschak das Gerüst. Ich hielt den Atem an. Wie würden die Menschen auf seine Ansprache reagieren? Es waren schließlich Amerikaner, ungeschlacht und raubeinig; ihrer Rolle gemäß hätten sie ihm in die Rippen knuffen, am Bart zupfen müssen. Negerlieder! Was hatte er sich nur dabei gedacht? Dort oben stand ein Kindermörder, über die Prärie wehte ein eisiger Wind, es herrschten Wildwestmanieren. Sein Hut: eine Lachnummer. Zart, leidenschaftlich, melancholisch – lieber Herr Dworschak! Wenn mich nicht alles täuschte, hatte sich selbst der Darsteller des Königs in all seiner Verschmortheit ein Grinsen nicht verkneifen können. Unter den vielen absurden Wendungen des Stücks war dies die absurdeste.

Zum Glück bewahrheiteten sich meine Befürchtungen nicht. Bereitwillig machte die Menge dem Komponisten Platz, bildete eine Gasse, durch die er die Bühne verlassen konnte. Sicher, ein paar lachten unverschämt, und bestimmt fiel die eine oder andere derbe Bemerkung in seine Richtung. Generell aber galt die Aufmerksamkeit nunmehr dem Holzstapel, den man unter dem Gerüst errichtet hatte.

Öl wurde gebracht und der Haufen damit getränkt. Ein Mann stürmte unter tosendem Beifall auf das Gerüst, um auch den König von Kopf bis Fuß mit Öl zu überschütten. Kaum war er wieder unten, als der Stapel entzündet wurde.

Schaudernd und doch fasziniert sah ich zu, wie die Flammen in die Höhe züngelten, wie sie bereits am Gerüst leckten, auf dem der König stand. Die Menge wich zurück, gerade so viel, dass die Hitze noch auszuhalten war.

Als ich ein Geräusch hinter mir hörte, drehte ich mich um. Ein schweißgebadeter Dworschak betrat eben die Loge. Aufatmend ließ er sich in seinen Stuhl fallen. Er sah kurz zu mir herüber, dann zog er seinen Hut ab und wischte sich mit dem Ärmel mehrmals über die Stirn. Auf der Bühne loderte das Feuer. Ich ließ meinen Begleiter nicht aus den Augen.

»Was ist?«, fragte er schließlich. »Warum schauen Sie mich so an?«

Ich schwieg. Das Prasseln und Knistern wurde immer lauter.

»Nun sagen Sie schon«, insistierte er. »Habe ich etwas falsch gemacht?«

»Falsch?« Ich musste lachen. »Lieber Herr Dworschak, ich weiß nicht, was Sie sich bei Ihrem Auftritt gedacht haben, aber geben Sie mir nächstes Mal bitte Bescheid, damit ich Sie vor derartigen Peinlichkeiten bewahre.«

»Peinlich? War es das?« Er sah zerknirscht aus. »Oh, das habe ich befürchtet.«

»Sie können die Leute doch nicht so reizen!«

»Das war nicht meine Absicht. Ich wollte …«

»Wenn Sie schon der Meinung sind, in den Ablauf dieses Stücks eingreifen zu müssen – warum geben Sie dem Publikum nicht etwas Positives mit auf den Weg?«

»Und das wäre?«

»Nun, dass es auch andere Möglichkeiten gibt, mit Verbrechern umzugehen. Zivilisierte Methoden. Wie sie in Europa Anwendung finden. Diese Leute sind so berauscht von ihrer alttestamentarischen Rache, da hätte es einer Stimme der Vernunft bedurft. Sie dagegen …«

Sein Antlitz flammte auf. Was man für plötzliche Empörung halten konnte, war bloß der Widerschein des Feuers, das mächtig über die Bühne wehte. Es hatte das Gerüst mittlerweile vollständig eingehüllt, so dass dieses einem sinkenden Schiff glich, von dem nur noch der Mast mit dem gefesselten Körper in den Himmel ragte.

»Sie dagegen … Sie provozieren die Menschen. Halten ihnen vor, dass sie sich gerade an der Zukunft ihres Landes versündigen. Negerlieder, mein Gott! In dieser Stimmung! Sie können froh sein, dass Sie nicht verprügelt wurden.«

»Meinen Sie?«

»Wenn es eine Chance gegeben hat, dieses Schauerstück noch zu retten, durch eine Moral, eine höhere Erkenntnis, dann ist sie jetzt vertan. Hier, schauen Sie sich das Ergebnis an. Sie haben Öl ins Feuer gegossen. Wortwörtlich! Öl ins Feuer, Herr Dworschak.«

Die Bühne war nun hell erleuchtet, ein einziges Flammenmeer. Das Schiff mit der Aufschrift »Justice« torkelte seinem Untergang entgegen, es verzehrte sich in Seufzern, die menschlichen Klagelauten ähnelten, und über diesem großen Leidensgesang schrillten die Schreie des Königs. Ihn selbst sah man nicht mehr.

»Wenn Sie wenigstens den Begriff des Negers vermieden hätten!«, fuhr ich fort. »Warum haben Sie nicht die Iren erwähnt, die Italiener? Oder wenigstens die Indianer?«

»Indianer werden seltener gelyncht«, entgegnete der Herr Dworschak mit schiefem Lächeln, und in diesem

Moment zweifelte ich an der Zurechnungsfähigkeit meines Begleiters.

Gleich darauf fuhr eine Bö durch das Opernhaus. Für einige Sekunden duckte sich das Feuer, der Rauch verflog und gab den Blick frei auf den schwarzen Körper. Der König, dem das Kinn auf die Brust niedergesunken war, hob den Kopf. Dann klaffte im Kopf eine Öffnung – sein Mund –, und aus dieser Öffnung stieß er einen Schwall weißen Dampfes aus.

»Wie eine Lokomotive«, hörte ich es neben mir murmeln.

»Schweigen Sie!«, fuhr ich ihn an. Das Grauen, das sich beim Anblick dieses zur Maschine gewordenen Darstellers einstellte, ließ mich heftiger klingen als beabsichtigt. Schon schlugen die Flammen wieder über dem Gefesselten zusammen. Ich wusste nicht, ob mein Begleiter noch Herr seiner Sinne war, ich wusste nur, dass ich keine Sekunde länger Zeuge dieses Schauspiels sein wollte. »Gehen wir«, sagte ich und erhob mich.

»Sofort.«

Der König war völlig hinter der Flammenwand verschwunden. Nur sein Gejammer und Geheule verriet, dass er weiterhin am Leben war. Plötzlich aber zuckte eine Hand aus dem Feuer. Seine Hand! Eine Schulter folgte, ein Teil des Rumpfes – die Flammen umloderten ihn, als wollten sie ihn nicht freigeben. Und doch gelang es ihm, sich loszureißen. Er stürzte nach vorn. An seinen Handgelenken sah man die Reste der verbrannten Fesseln. Schon hatte er den Rand des Gerüsts erreicht, und dann … es war entsetzlich. Da quälte sich dieser schwarz verkohlte Körper über das Geländer, um sich in die Tiefe zu stürzen.

Das Publikum schrie auf.

Aber das Manöver gelang. Triumph der Schauspielkunst!

»Gehen wir«, hörte ich den Herrn Dworschak sagen. Er sprang auf, packte mich am Arm und zog mich zur Tür. Ich warf einen letzten Blick zur Bühne, wo das Gerüst mit einem gewaltigen Stöhnen in sich zusammensackte. Dann stolperte ich dem Böhmen hinterher. Am Ausgang der Loge erwarteten uns einige Texaner, deren Mienen nichts Gutes verhießen. Einer wollte vom Herrn Dworschak wissen, wie er das gemeint habe, das mit den Plantagengesängen und der Zukunft des Landes, doch wir stießen ihn beiseite und hasteten davon. Warum blieben diese Leute nicht auf der Bühne und holten sich ihren unverdienten Beifall ab? Weitere Darsteller kamen uns auf der Treppe entgegen, während andere Besucher, die genug gesehen hatten oder verabredet waren, mit uns nach unten eilten. Im Foyer drängten sich Angestellte des Opernhauses, Verkäufer von Getränken und Süßigkeiten, bemützte Droschkenfahrer, Schirmverleiher und Spendensammler. Ein junger Mann hatte einen Bauchladen umgeschnallt und hielt etwas in die Höhe, was wie ein verrußter Knochen aussah. Ein anderer warb mit Fotografien von der Hinrichtung des Kindermörders Smith in Texas. Wieder andere verteilten Prospekte, in denen es um die Hintergründe dieses einzigartigen Falles ging, um das entsetzliche Verbrechen und seine gerechte Strafe, und zuletzt stießen wir sogar auf eine Gruppe, die das komplette Theaterstück in lebenden Bildern nachzustellen versprach.

Mit aller Kraft schob der Herr Dworschak einen, der partout nicht weichen wollte, zur Seite und winkte mir zu folgen. Tatsächlich, da war die Tür, durch die wir das Opernhaus betreten hatten. Er riss sie auf – einen kurzen Moment lang hatte ich befürchtet, sie könne verschlossen sein – und ließ mir den Vortritt. Ohne unser Zutun fiel die Tür hinter uns ins Schloss. Sofort verstummte der Lärm.

Wortlos eilten wir durch den hell erleuchteten Gang. Mein Begleiter hatte offenbar genauso wenig Lust wie ich, auch nur eine Sekunde länger in der Metropolitan zu verbringen. Unbehelligt erreichten wir sein Haus. Im Flur angelangt, schloss er die Tür sorgfältig. Er schob sogar einen Riegel vor. Erleichtert stellte ich fest, dass der Abend noch nicht angebrochen war. Draußen schien Böhmens Frühlingssonne in all ihrer Milde. Ich trat vors Haus und atmete kräftig durch. Zum Teufel mit den Texanern und ihren wilden Bräuchen!

Der Herr Dworschak gesellte sich zu mir. Seine Kleider rochen nach Rauch, auf seiner Jacke glänzten Staubkörner.

»Was haben Sie sich nur gedacht?«, sagte ich kopfschüttelnd. »Mir ein solches Machwerk vorzusetzen? Wirklich, mein Lieber …«

Er antwortete nicht.

Eine ganze Weile standen wir so da, ließen unsere Blicke schweifen, genossen die Frische der erblühenden Landschaft. Mein Zorn verrauchte, oder besser: Ich zwang mich, ihn zu unterdrücken. Schließlich war ich mit einem Auftrag meines Ministeriums hierher gekommen, da hatten persönliche Befindlichkeiten ins zweite Glied zu rücken.

Irgendwann räusperte sich der Herr Dworschak, zog den Hut ab, wischte ihn sauber und legte ihn auf die Bank.

»Gut«, sagte ich mit einem Blick zur Uhr. »Nachdem dieser kleine Ausflug also glücklich überstanden wäre – darf ich davon ausgehen, dass Sie unseren Auftrag annehmen, Herr Dworschak?«

Er sah mich nicht an. Irgendetwas an seinem Hut schien ihm nicht zu gefallen; er nahm ihn wieder auf, wischte und putzte, hauchte ihn an und schüttelte ihn. Das ging ungewöhnlich lange so, sehr lange, ich fragte: »Nun?«, er wischte noch einmal, legte das verformte Ding endlich zurück und setzte sich in Bewegung, noch immer ohne mich eines Blickes zu würdigen.

»Das müssen wir begießen«, murmelte er im Gehen.

Ich folgte ihm. Mit leichtem Amüsement musste ich daran denken, dass mir ein Ministeriumskollege genau das prophezeit hatte: dass wir unsere Übereinkunft mit großen Mengen Alkohol feiern würden. Wie es Brauch sei bei den Slawen. Ich solle mich schon einmal darauf einstellen, sturzbetrunken in die Hauptstadt zurückzukehren. Na, so weit würde es nicht kommen.

Stumm schritt der Herr Dworschak um das Haus herum, bis zu einer Holztür, die mit einem alten Vorhängeschloss gesichert war. Diesmal benötigte er nur wenige Sekunden, um Schloss und Tür zu öffnen. Er ging auch selbst voran, eine steile, ausgetretene Treppe, die nach wenigen Stufen in einem niedrigen Kellerraum endete. Zum Rauch, den unsere Kleider noch immer verströmten, gesellte sich ein Geruch nach alten Äpfeln, Sauerkraut und Moder. Natürlich gab es hier unten kein elektrisches Licht. Mein Gastgeber zündete auch keine Kerze an, so dass die einzige Helligkeit von der offen gebliebenen Eingangstür herrührte. Mit Mühe erkannte ich, dass er sich an einem Regal zu schaffen machte. Als er sich zu mir umdrehte, hielt er eine Flasche in der Hand. Er entkorkte sie und reichte sie mir.

»Hier«, sagte er mit heiserer Stimme. »Trink!«

Misstrauisch nahm ich die Flasche entgegen. Wer weiß, welchen Inhalt sie hatte, uralten Pflaumenschnaps vielleicht oder abgestandenes Bier. Hätte er mir wenigstens ein Glas angeboten! So führte ich die Flasche zögernd zur Nase, um daran zu schnuppern.

Moment … Das konnte doch nicht …

»Sind Sie wahnsinnig!«, fuhr ich ihn an. »Was hat Sie …? Das ist Phosphor, Herr Dworschak! Phosphor! Sie hätten mich fast vergiftet.« Dass er nicht antwortete, steigerte meine Wut noch. Ich hielt ihm die Flasche vor das Gesicht. »Sie können doch nicht einfach … Hier im Dunkeln! Ein Schluck, und ich wäre gestorben!«

»So was passiert«, sagte er.

»Bitte? Das ist alles, was Ihnen dazu einfällt? Es passiert?«

»Ja.«

Ich war sprachlos. Da hortete dieser verrückte Böhme in seinem Keller eine Flasche Phosphorlösung, wie man sie früher zum Entzünden von Holzstäbchen verwendet hatte – und dann drückte er sie, ohne hinzuschauen, seinem Besucher in die Hand!

Oder sollte dies … sollte es mit Absicht geschehen sein?

»Herr Dworschak«, flüsterte ich. »Was haben Sie vor? Was wollen Sie von mir?«

Er schwieg. Mochten sich meine Augen auch allmählich an die Dunkelheit gewöhnen, war und blieb sein Gesicht doch ein Schatten, unergründlich und zum Fürchten.

»Was wollen Sie?«, wiederholte ich.

»Dass Sie begreifen«, sagte er und nahm mir die Flasche aus der Hand. »Dass Sie begreifen, Sie dummer, dummer Junge.«

Jetzt war ich es, der schwieg. Beklommen spürte ich, wie der Mann näherkam, immer näher, bis sein Kopf nur noch eine Handbreit vor meinem Gesicht war.

»Was ist das?«, flüsterte der Kopf, während die freie Hand eine Bewegung machte, ein Erfassen des Raums. »Das hier, wo wir stehen. Was, glauben Sie, ist das?«

»Ein Keller«, gab ich fragend zurück.

»Ein Keller, ja. Ein Schacht, ein Abgrund, ein Grab. Wenn draußen die Sonne scheint, die schöne böhmische Sonne, steige ich hier herab. Jeden Tag, verstehen Sie? In die

Dunkelheit, in die Unterwelt. Dorthin, wo jeder von uns allein ist. Wo wir Staub sind und Asche.« Er flüsterte noch immer. »Ich glaube an Gott, vielmehr weiß ich, dass es ihn gibt, ich weiß es. Aber ich weiß auch, dass es die Verzweiflung gibt, die schwarzen Orte, zu denen sein Lichtstrahl nicht dringt, und es ist eine Qual, sich aus diesen Orten zu befreien. Verstehen Sie das?«

Vergeblich versuchte ich, Einzelheiten in seinem Gesicht auszumachen, ein versöhnliches Mienenspiel oder eine freundliche Falte. Aber abgesehen vom winzigen Weiß seiner Augen war da nichts, nur bedrückende Undurchdringlichkeit.

»Nein«, sagte ich. »Es tut mir leid, aber ich verstehe nicht, was Sie …«

»Es passiert«, unterbrach er mich. »Es passiert, dass Menschen versehentlich Gift zu sich nehmen. Meiner Tochter ist es passiert, vor vielen Jahren. Sie war noch ganz klein, ein kleines Kind, und ihre Eltern haben nicht gemerkt, dass sie an eine Flasche mit Phosphorlösung geraten ist.«

»Ihre Tochter?«

»Seitdem komme ich jeden Tag hierher, jeden Tag einmal in die Dunkelheit. Der Keller ist nur ein Symbol. Man kann auch in sich hinabsteigen, in seine eigenen Abgründe, dorthin, wo alles schwarz ist.«

»Das wusste ich nicht, Herr Dworschak. Niemand hat mir davon erzählt.«

»Es ist auch nicht zum Erzählen. Genauso wenig, dass mein Sohn kurz danach an den Pocken gestorben ist. Er war drei. Und eine andere Tochter starb gleich nach der Geburt. Wir hatten drei Kinder, meine Frau und ich. Plötzlich hatten wir gar keines mehr.«

»Das tut mir leid.«

Er kam noch näher. »Und da fragen Sie mich, ob ich Ihnen einen Festmarsch schreibe. Weil Kunst Ihrer Meinung nach nichts mit der Welt da draußen zu tun hat. Weil die Musik etwas Schönes ist und alles andere etwas anderes. Wie man sich das in Ihrem Ministerium so ausmalt.«

»Aber ...«

»Glauben Sie, ich könnte eine Note schreiben, ohne an diese Kinder zu denken? Glauben Sie das wirklich? Glauben Sie, ich hätte in Amerika eine Sinfonie komponieren können, ohne an die Schreie des Negers Smith zu denken? Wofür halten Sie mich? Für einen Stein?«

»Ganz gewiss nicht, lieber Herr Dworschak.«

»Doch, genau dafür halten Sie mich. Für einen Musikautomaten, in den man eine Münze wirft, und unten kommt ein Festmarsch raus. Wissen Sie, was Sie Ihrem Kaiser ausrichten können?«

Ich schwieg. Es war stockdunkel in diesem böhmischen Keller, aber vor meinen Augen zuckten und funkelten Lichter, die vom Phosphor herrühren mochten oder von der Furcht in meinem Kopf. Vielleicht waren es auch Nachwirkungen des Theaterstücks.

»Richten Sie ihm nichts aus«, hörte ich die Stimme des Komponisten. »Er wird es ohnehin nicht verstehen. Aber Ihren Kollegen können Sie sagen, dass der Herr Dworschak ein Mensch ist, der Musik schreibt. Und kein Musiker, der zufälligerweise Mensch ist. Sagen Sie ihnen das. Und jetzt gehen Sie.«

Vergeblich versuchten meine Blicke, das Dunkel vor mir zu durchdringen. Es gelang nicht. Der Herr Dworschak war mit seiner Hölle eins geworden, der ließ keinen in seine Nähe.

»Gehen Sie«, wiederholte er. »Oder wollen Sie doch einen mit mir trinken?«

Daraufhin drehte ich mich auf dem Absatz um und verließ den Keller. Auf der Treppe kam ich kurz ins Stolpern, so blendete mich die böhmische Sonne.

Die Eisenbahn brachte mich zurück nach Wien.

DER AUSBRUCH

In der Nacht vom 3. auf den 4. Juli 1870 hatte der Komponist Jacques Offenbach einen Traum.

Er träumte, die Karotten hätten den Möhren den Krieg erklärt. Vielleicht auch die Möhren den Karotten, die Lage war unübersichtlich. Jedenfalls gab es die üblichen Mobilmachungen, Proklamationen, Truppenaufmärsche, es gab die Handaufsherz- und Geschütteltefaust-Reden, auf der einen Seite wurden Mitrailleusen gefertigt, auf der anderen Feldkanonen, weder in Meudon noch in Essen erkalteten die Öfen in diesen Tagen. Und die Devise hieß: alles fürs Vaterland!

Der Komponist Jacques Offenbach hatte keine Ahnung, was das ist: Vaterland. Weder im Wachen noch im Traum. Geboren war er in Köln, groß geworden in Paris. Als Nachnamen trug er den Namen der Stadt, aus der sein Vater stammte. Jude war er einst, jetzt katholisch. Seine Frau war Spanierin. Er besaß die französische Staatsbürgerschaft. Aber Vaterland?

Offenbach war Musiker. Noten besitzen kein Vaterland. Sie sind staatenlos.

Aber er, er musste sich jetzt entscheiden. Für die Möhren oder die Karotten. In seinem Traum stand er auf der Lahnpromenade von Ems, vor sich eine aufgeschlagene Zeitung, die er eben an einem Kiosk erstanden hatte, und versuchte zu ergründen, was sich hinter den martialischen Überschriften verbarg. Der Feind jenseits des Rheins. Man habe es ja schon immer gewusst. Endlich sei sie gekommen, die

Stunde der Abrechnung. Fort mit dem verdammten Konkurrenzgemüse, den Usurpatoren fruchtbaren Landes, den Schädlingen unserer vegetabilen Kultur!

Offenbach hatte Mühe, die Zeilen zu entziffern, jedes Wort verschwamm ihm vor den Augen. Die Blätter der Zeitung zitterten in seinen Händen. Trotz des warmen Sommertags fror ihn, doch das war kein Wunder, er fror ja immer. Sein Blick glitt über die Artikel, die Kommentare, die Karikaturen. Er fühlte sich allein, obwohl er es nicht war. Viele flanierten die Promenade entlang, Paare, Familien, größere Gruppen. Aber niemand schien vom Krieg Notiz genommen zu haben, auf allen Gesichtern nur Heiterkeit und Sonne. Offenbach dagegen fror.

Der Karottenkaiser und der Möhrenkönig. Er kannte sie beide. Sie besuchten ja regelmäßig seine Aufführungen. In Paris der eine, der andere in Ems. Gestern Abend erst hatte er im großen Kursaal seinen *Fortunio* dirigiert, vor Möhrenpublikum, das prächtiger Laune war und prächtig gelaunt auf eine Schlacht anstieß, auf den Jahrestag eines Gemetzels, und zwar, wenn er sich recht erinnerte, eben jenes Gemetzels, in dessen Folge Ems möhrisch geworden war. Seit ein paar Saisons wehte die Möhrenfahne über der Stadt. Gesprochen wurde zwar immer noch französisch auf der Promenade, im Sommer wenigstens, von den Kurgästen aus aller Welt, aber der Umgangston war ein anderer. Möhrischer Geist waltete an der Lahn.

»Ich reise ab«, beschloss der Komponist. »Noch heute reise ich ab. Ich bin krank. Ich werde den Ort wechseln. Sollen die sich bekriegen. Ohne mich. Ich gehe nach Wien. Falls Wien neutral bleibt. Oder Spanien. Spanien bleibt es bestimmt.«

Er steckte die Zeitung ein und setzte sich in Bewegung. Dabei wurde ihm die Unzulänglichkeit seines Plans bewusst. Welche Auftrittsmöglichkeiten hatte er schon in Spanien? Dort gab es keine Theater, die Stücke bei ihm bestellten, keine Librettisten, auf die er sich verlassen konnte. Die gab es nur in Paris, mit Einschränkung vielleicht noch in Wien. Und was würde seine Familie sagen? Die Kinder sprachen kein Deutsch. Wie er es auch drehte, dieser Krieg war eine Katastrophe für ihn. Eine Dummheit, aber das war jeder Krieg. So ein Krieg hatte im Grunde nur eine Funktion: Er war da, um verlacht zu werden. Kaum etwas auf der Theaterbühne funktionierte besser als ein General im Pulverdampf, marschierende Metzger, brüllende Befehlshaber. Auch musikalisch konnte da nichts schiefgehen. Die Lacher waren garantiert.

Eins jedenfalls stand fest: In Ems wollte und konnte er nicht bleiben. Er beschleunigte seine Schritte, überholte das auf der Kurpromenade flanierende Volk. Es tat gut, derart Tatkraft unter Beweis zu stellen; der Rhythmus, in dem seine langen, dünnen Beine dem Hotel zustrebten, gefiel ihm.

Plötzlich bekam er einen Schreck. Direkt vor ihm ragten zwei Pickelhauben aus der Menge. Unter dieser Sorte Helm war in der Regel mit Soldaten zu rechnen. Möhrensoldaten! Und tatsächlich, schon wurde ihre Uniform sichtbar, blau mit rotem Kragen. Er reckte den Hals, kniff die Augen zusammen, erspähte einen Streifen Nacken, rechts einen, links einen. Möhrisch gelb, orange fast leuchtete es zwischen dem unteren Rand des Helmes und dem Uniformkragen hervor, die Haut warf Runzeln und Falten.

Eine Begegnung mit Möhrenmilitär wollte der Komponist Offenbach auf keinen Fall riskieren. Neutralität! Seine Beine jedoch, anstatt in ihrer Bewegung innezuhalten, behielten den einmal gefundenen Rhythmus bei, sie wurden sogar noch schneller. Es waren eben Musikerbeine, gewöhnt an Crescendo und Accelerando. Konsterniert schaute Offenbach nach unten, sah dem fröhlichen Spiel seiner Gliedmaßen zu, ohne ihm Einhalt gebieten zu können. Sonst besteht das Tückische an Träumen doch, dass man nicht von der Stelle kommt. Hier passierte genau das Gegenteil: Offenbach sah sich nicht in der Lage zu bremsen. Er sauste geradezu auf die beiden Möhrensoldaten zu, die unbeholfen, wie Gemüse eben, über die Promenade staksten, während seine eigenen Beine so flüssig rotierten, als seien sie Zahnräder in einem gut geölten Getriebe. Kurz bevor er die blauen Uniformen erreicht hatte, fiel er ins Kreuz, streckte beide Arme aus, die Handflächen nach vorne, aber auch das half nichts. Seine Beine trugen ihn weiter, unaufhaltsam, die Pickelhauben glänzten, die Möhrennacken runzelten sich, gleich würde es zum Aufprall kommen.

In diesem Augenblick erwachte er.

Schweißgebadet schreckte er hoch. Die Morgensonne schien durch das Fenster seines Hotelzimmers. Seine Beine lagen bewegungslos unter der Bettdecke, nur ein leichtes Kribbeln verriet, dass sie eben noch über die Emser Kurpromenade gerannt waren.

Was für ein Alptraum!

Eine Weile saß er aufrecht da, dann schlug er die Decke zurück, schwang die Beine über die Bettkante und setzte die Füße auf dem Boden auf. Sofort meldete sich der Schmerz. Ein glühender, bis in die Höhe strahlender Schmerz, den er mit einem grimmigen Lachen quittierte. Es war ja auch zum Lachen! Wie hätte er auf solchen Gichtquanten durch die Stadt hetzen sollen? An manchen Tagen schaffte er es nicht mal vor die Tür. Selbst von einem Alptraum durfte man etwas mehr Realitätsnähe erwarten.

Mühsam stemmte er sich in die Höhe. Hielt sich am Bettpfosten fest, bewegte die Zehen, verlagerte das Gewicht, tat einfach alles, was ihm half, den Schmerz zu verdrängen oder wenigstens zu dämpfen. Entsprechend lange dauerte das Ankleiden. Danach immerhin fühlte er sich in der Lage, das Hotel zu verlassen und sein Morgenritual in Angriff zu nehmen. Schließlich war er nicht zum Vergnügen hier.

Eine halbe Stunde später stand er wie Hunderte anderer Kurgäste in der Brunnenhalle und spülte seinen mageren Körper mit Emser Wasser. Es schmeckte scheußlich. Die Prozedur ging so: Man ließ sich sein Glas füllen, bedankte sich, nahm einen Schluck, schlenderte ein paar Schritte, nahm noch einen Schluck. Eine Kirchturmuhr schlug sieben. Man gähnte. War das Glas leer, kehrte man zum Brunnen zurück und ließ es sich erneut füllen. Ob man vom Wasser gesund wurde oder vom Spazieren oder einfach vom frühen Aufstehen, darüber gingen die Meinungen auseinander. Freude bereitete weder das eine noch das andere, insofern kamen alle drei Möglichkeiten in Betracht.

An einer Wand hingen Bilder, die Sehenswürdigkeiten aus aller Welt zeigten: die Akropolis, den Vesuv, den Kreml, die Londoner Tower Bridge. Offenbach war in ihre Betrachtung vertieft, als sich hinter ihm jemand räusperte.

»Sie sollten in Bewegung bleiben, Monsieur.«

Er drehte sich um. Eine Dame von Ehrfurcht gebietenden Ausmaßen stand vor ihm.

»Nur wenn Sie gehen, kann sich das Wasser im ganzen Körper verteilen«, erklärte sie.

»Ich weiß«, gab er zurück.

»Und warum stehen Sie dann hier wie angewurzelt?«

Offenbach verschwieg, was ihm als Antwort durch den Kopf huschte. Er wollte so früh noch nicht unhöflich sein. »Ich habe Gicht«, sagte er stattdessen.

»Aus diesem Grund sind Sie hier«, folgerte die Dame.

»Genau.«

»Na also!«

Es entstand eine Pause, in der ihn seine Gesprächspartnerin auffordernd ansah. Im Gegenzug stellte er verblüfft fest, dass ihr Doppelkinn die Sache mit der Bewegung ernst meinte. Selbst im Stehen fand es keine Ruhe, walzte rastlos vor und zurück, wie Wellengang an der Küste. Er musste Hal und Hac davon erzählen; vielleicht inspirierte sie das zu einer neuen Bühnenfigur.

»Sie sind Musiker«, sagte die Dame schließlich.

»Bin ich. Richard Wagner mein Name.«

»Nein, Sie heißen Offenbach. Ich habe Sie gestern gesehen, als Sie im Kurhaus dirigierten. Und Sie sollten nun wirklich ein paar Schritte machen. Denken Sie an Ihren Körper!«

»Entschuldigen Sie, darf ich erfahren, mit wem ich es zu tun habe? Ich bin es nicht gewohnt, dass man so um meine Gesundheit besorgt ist.«

Die Dame fixierte ihn, ja, es schien ihm sogar, als werfe sie sich in die Brust. »Ich«, sagte sie, »bin die Öffentliche Meinung.«

»Sehr erfreut.« Das erklärte natürlich einiges. Nicht nur, dass die Person ihn kannte und ihm ungefragt Ratschläge erteilte. Sondern es erklärte auch ihr Aussehen. Die Öffentlichkeit war nun einmal meinungsstark und raumgreifend, in einen zierlicheren Leib hätten all ihre Überzeugungen und Ansichten niemals hineingepasst.

»Kommen Sie.« Sie hielt ihm ihren Arm hin, er sollte sich wohl einhaken.

»Wie gesagt: die Gicht.«

»Davon hat man gestern Abend nichts gemerkt.«

»Das Wunder der Musik«, lächelte er.

»Ich glaube nicht an Wunder. Aber an die Heilkraft dieses Wassers glaube ich. Deshalb rate ich Ihnen dringend, Monsieur …«

Was die Öffentliche Meinung ihm riet, hörte er nicht mehr, weil seine Gedanken abschweiften. Die mächtige Gestalt vor ihm verschwamm zu einer opaken Masse, aus ihren Worten wurde ein rhythmisches Band von Lauten, die an den Wänden der Brunnenhalle zerplatzten wie Seifenblasen. Etwas stimmte nicht mit der Frau, das spürte er ganz deutlich. Aber was? Sie hatte ja recht, man sollte sich bewegen während der Trinkkur, alle anderen taten es. Gestern war sie in seinem Konzert gewesen; was also sprach gegen sie? Er bemühte sich, die Umrisse der Sprecherin wieder scharf zu stellen – und plötzlich bemerkte er, was ihn störte. Es war nicht die Dame, sondern eines der Bilder an der Wand. Das Vesuv-Bild. Während die Ratschläge der Öffentlichen Meinung noch immer um ihn herum fluteten, beugte er sich vor, um das Gemälde näher in Augenschein zu nehmen, und tatsächlich: Aus dem Krater des Vulkans ergoss sich glühende Lava. Sie tat es jetzt, in diesem Moment, und es wurde immer mehr. Unaufhaltsam floss sie die Hänge hinab. Der Berg spuckte Feuer, eine Aschewolke formierte sich und zog übers Land.

Das Bild lebte!

»Entschuldigung«, schnitt Offenbach seiner neuen Bekannten das Wort ab. »Der Vesuv bricht aus.«

Sie warf ihm einen skeptischen Blick zu. »Wie man hört, tut er das zuweilen.«

»Ja, aber schauen Sie doch!« Er zeigte auf das Bild. Der Lavastrom hatte sich geteilt, in vielen funkelnden Armen näherte er sich dem Rand des Gemäldes. Nur noch wenige Sekunden, und er würde die Begrenzung erreicht haben! Was würde dann geschehen? Offenbach hielt den Atem an.

Und schon war es so weit. Heiße Lava tropfte vom Bild auf den Boden der Brunnenhalle. Die Öffentliche Meinung machte vor Schreck einen Schritt rückwärts. Unter dem

Gemälde zischte und dampfte es; offenbar war der Hallenboden feucht. Während die Dame nach dem Kurpersonal rief, konnte der Komponist seinen Blick nicht von dem Schauspiel wenden. Dass der Vesuv hin und wieder glühende Lava spuckte, war ihm bekannt. Nicht aber, dass er dies auch in Ems tat, an der Wand eines Kurgebäudes. Streng genommen widersprach ein solcher Vorgang jeder Erfahrung. Der Ausbruch des Vulkans konnte sich also nicht in der Realität ereignen, sondern in einer Welt des Scheins, in der Sphäre des Irrealen.

Mit anderen Worten: Er träumte immer noch. Er war zwar erwacht, er hatte die üblichen Schmerzen gehabt und den Tag mit der üblichen Trinkkur begonnen, aber all dies nicht in der Realität, sondern im Traum.

Offenbach sah sich um. All dies hier, die Menschen, die Halle, die Öffentliche Meinung: Träumte er das wirklich?

Sein Blick fiel auf den spuckenden, blubbernden Vesuv. Ja, er träumte!

Aber wenn er träumte, dann sollten auch seine Beine wieder einsatzfähig sein. So, wie sie es in der ersten Hälfte seines Traums auf der Kurpromenade gewesen waren. Er zögerte nicht lange, sondern stellte sein Glas auf den Boden und rannte los. Es funktionierte! Ein Glücksgefühl überkam ihn, als er spürte, wie ihm seine Gliedmaßen gehorchten, geschmeidig, selbstverständlich und ohne jeden Schmerz. Dafür lohnte es sich zu träumen! Er ignorierte die Rufe hinter ihm, den Befehl, stehen zu bleiben, und rannte immer weiter. Zum Flussufer, erst in die eine Richtung, dann aus lauter Jux in die andere. Trotz der frühen Stunde lag das Lahntal schon sonnenüberflutet da, es war ein herrlicher Morgen.

Plötzlich stoppte er. Ihm war ein Gedanke gekommen. Wenn sein Traum also weiterging, wenn alles wieder war wie am Abend zuvor – dann stimmte die Nachricht von der Mobilmachung am Ende doch. Dann hatten die Möhren den Karotten wirklich den Krieg erklärt. Oder die Karotten den Möhren. Dann sollte er fliehen. Wenigstens im Traum.

Der Komponist Offenbach sah sich um. Im Tal herrschte Stille, aber diese Stille konnte trügerisch sein. Die Sonne verbarg manchmal mehr, als sie offenbarte. In einiger Entfernung flanierten Kurgäste. Auf dem Wasser spielte das Licht des Morgens. Und ein heller Ton lag in der Luft, ein feiner, hoher Ton, den vielleicht nur ein Musiker vernahm, gesponnen aus Sonne und Erwartung. Dieser Ton war es, der Offenbach noch misstrauischer werden ließ. Er drehte den Kopf, schaute hierhin und dorthin. Und wirklich, jetzt regte sich etwas, in der Rabatte neben der Promenade. Als sei dort ein Maulwurf zugange, nein: viele Maulwürfe, die den Boden von unten her aufwühlten. Schon klaffte die Krume, kleine Erdhügel wurden aufgeworfen, und dann brach etwas durch, nach oben, ins Licht, etwas gelb Schimmerndes, überall geschah das, auf der gesamten Breite des Beets. Offenbach blickte zum Fluss: Auch dort, auf dem schmalen Uferstreifen, teilte sich die Erde. Im Park, unter Bäumen, an den Wegesrändern: Der Boden brach auf, etwas drängte ins Freie, stemmte sich in die Höhe, in den frischen Morgen hinein. Möhren! Gelbe Rüben! Wurzelvolk und Krautgemüse! Und alles schaute zu ihm hin.

Der Komponist überlegte nicht lange. Er begann wieder zu rennen. Seine gichtlosen Füße trugen ihn weg von der Lahn, weg von der Promenade, hinaus aus der Stadt. Aber wo er auch hintrat, traf er auf Gemüse. Im engen Tal wimmelte nur so von Möhren, die sich schüttelten, um den Dreck loszuwerden, die sich zu großen Haufen zusammenrotteten. Der Vesuvausbruch war nichts dagegen!

Offenbach wurde klar, dass er nach oben musste, die Hänge hoch. Zwischen den Felsen würde wohl kaum Gemüse wachsen, und an den Steilwänden dürften seine Verfolger scheitern. Dunkel ragte das Schiefergestein über ihm auf. Eine mühsame Kletterei begann. Er suchte sich mit Absicht die schwersten, gefährlichsten Passagen, um die Rüben auf Distanz zu halten. Sofort kam er ins Schwitzen, sehr realistisch übrigens, mit Hitzewallungen, Kurzatmigkeit und Feuchtigkeit im Nacken und unter den Armen. Mehrfach rutschte seine Brille von der Nase. Nachdem er ein gutes Stück Hang bewältigt hatte, blickte er zurück. In der Tiefe schimmerte es möhrengelb und karottenrot, aber niemand war ihm auf den Fersen. Wenn das Hal und Hac sehen könnten! Er kraxelte weiter.

Endlich hatte er den höchsten Punkt erreicht. Ein letzter Blick nach unten – kein Verfolger in Sicht. Mit einem Ruck schwang er sich über die Kante und richtete sich auf.

Durchatmen. Die Lage sondieren. Während er sich die Hände an der Hose abwischte, schaute er sich um. Das Gelände fiel hier, jenseits der Kammlinie, bei weitem nicht so steil ab wie zur Lahn hin. Vor ihm lag ein Tal, eine flache Senke, die ursprünglich einmal voller Bäume gestanden haben musste. Jetzt waren da nur noch umgestürzte, gesplitterte Stämme, die Kronen verkohlt und ohne Laub, ihre Wurzeln ragten in den Himmel. Zwischen den Stämmen lagen die Körper von Möhren- und Karottensoldaten, manchmal auch nur Teile von Körpern, so grau wie die aufgewühlte, matschige Erde um sie herum. Das gesamte Tal präsentierte sich monochrom; es war, als hätte hier ein Farbendieb gewütet und nur Schatten zurückgelassen.

Offenbach zögerte eine Weile, aber es half ja nichts. Stehenbleiben war keine Option, zurückklettern erst recht nicht. Vorsichtig stapfte er über die glitschigen Erdhügel, immer in Sorge, auf Finger oder einen Helm zu treten. Als er an einem Karottengeschütz vorbeikam, einer Mitrailleuse, deren zerbrochene Räder tief im Schlamm steckten, glaubte er, eine leise Melodie zu hören. Er blieb stehen und lauschte. Tatsächlich, irgendwo in der Nähe klang Musik. Und war da nicht ein Leuchten? Ein Leuchten, das aus dem Geschützrohr drang? Gegen alle Vernunft beugte er sich zu dem Rohr hinunter und linste durch die Mündungen in die Läufe. Jetzt hörte er die Musik deutlicher – und er kannte sie, kein Wunder, dieses Stück kannte die ganze Welt. Tief im Innern der Mitrailleuse bewegte sich etwas, er sah Feuer lodern, dampfende Kessel, um sie herum hüpften Teufel und Teufelinnen, bewaffnet mit Zacken, Gabeln und Messern. Und dazu tanzten Gerippe in weiten Röcken den Can-Can.

Seinen Can-Can!

Natürlich, das schmeichelte ihm. Er freute sich immer, wenn er Anhänger dazugewann, wenn die weißen Flecken auf der großen Offenbach-Weltkarte schwanden. Und dass man jetzt auch in der Hölle zu seiner Musik die Beine warf, war ihm neu. Andererseits wusste er genau, dass diese Liebe nicht von Dauer sein musste. Wie oft wurden aus Parteigängern Gegner. Wer ihm heute aus den Rängen zujubelte, konnte bereits morgen sein Rezensionsgift versprühen. Ganz zu schweigen von der Politik. Vor nicht einmal 24 Stunden hatte sich die Möhrengesellschaft mit seiner Anwesenheit geschmückt. Aber jetzt herrschte Krieg. Wenn die Möhren hörten, dass auch der Karottenkaiser seine Werke schätzte, wenn sie sich fragten, ob seine Kompositionen nicht allzu stark karottisch gefärbt seien, ob es sich am Ende um Karottenkunst handele – was dann?

In diesem Moment hielten die Can-Can-Tänzer inne. Einer der Teufel zeigte mit ausgestrecktem Finger zur

Mündung hin. Offenbar hatte man gemerkt, dass man beobachtet wurde. Es dauerte nur wenige Augenblicke, dann fiel ein Vorhang. Im Geschütz wurde es dunkel.

Der Komponist richtete sich auf. Nach der grellen Höllenszene wirkte die Umgebung noch düsterer, noch bedrückender. Kein Vogel überflog das Schlachtfeld, selbst die Sonne hatte sich hinter einen Wolkenschleier verzogen. Offenbach rückte seine Brille zurecht und schlich weiter.

Wohin ihn sein Weg führte, wusste er nicht. Er wollte nur so schnell wie möglich raus aus diesem Tal, raus aus dem Grau, aus der entsetzlichen Stille, die der Krieg hinterlassen hatte. Denn nicht der Krieg war das eigentlich Schlimme, viel schlimmer war, was danach kam. Das Schweigen, die geplatzten Träume, das verhinderte Leben, die getrogenen Hoffnungen, der Hass, die Narben. Gestorben wurde ja sowieso, und wer ein Bein verlor, der humpelte eben. Gichtkranke humpelten auch. Der Verlust aber, die Feindschaft, die Verbitterung – das waren Dinge, die noch schmerzten, wenn der Krieg längst vorbei war.

Vor vielen Jahren hatte er ein Stück geschrieben, das er Anthropophagie musicale nannte. Menschenfresserei in Tönen! Klamauk, sicher. Aber schon damals hatte er das Gefühl gehabt, dass all seine Scherze nur deshalb funktionierten, weil sich reale Menschen exakt das antaten, womit seine erfundenen Kannibalen drohten. Es stimmte: Vor einer schwarzen Wand funkelten die Pointen heller.

Und der Held dieser Operette war auch noch Kontrabassist gewesen. Ein Musiker, den keine Kunst vor dem Kochtopf rettete.

Irgendwie musste ihn diese Gedanken abgelenkt haben, denn plötzlich blieb er mit dem Fuß an einem Gegenstand hängen und wäre fast gestürzt. Nur mit Mühe fand er das Gleichgewicht wieder. Wie hatte er dieses Ding übersehen können? Eine Art Holzkiste, eher ein großer Brotkasten, halbrund auf der einen Seite, auf der anderen Seite dagegen offen. Ja, da gähnte eine Lücke, geradezu ein Schlund, wie bei einem …

Offenbach schüttelte den Kopf. Das konnte nun aber wirklich nicht sein. Was hatte ein Souffleurkasten auf einem Schlachtfeld zu suchen?

Nachdenklich schritt er einmal um den Gegenstand herum. Soweit man sehen konnte, reichte die Öffnung tief in den Boden hinein. Dann war es am Ende wirklich ein Souffleurkasten. Aber warum hier, mitten im grauen Tal?

Und dann verstand er. Das Verstehen kam über ihn wie Regen an einem warmen Sommertag. Natürlich, das machte Sinn! Es war kein Traum, was er hier durchlebte, sondern etwas viel Naheliegenderes: ein Theaterstück. Ein Theaterstück mit all seinen Absurditäten und Unwahrscheinlichkeiten, wie er sie selbst so oft in Szene gesetzt hatte! Der Kriegsausbruch, keine Schmerzen mehr, die Öffentliche Meinung – all dies war Inhalt des Stücks. Einer Komödie? Davon war auszugehen. Für Tragödien hatte er kein Talent.

Gleich ging er in die Hocke, um nach der Souffleuse Ausschau zu halten oder dem Souffleur, um ihnen Hallo zu sagen und dass er verstanden hatte, doch im Innern des Kastens blieb alles dunkel. Schade eigentlich; er hätte sich gern nach seinem nächsten Einsatz erkundigt.

Eines allerdings war ihm noch unklar. Er richtete sich wieder auf und sah sich um. Wo war das Publikum? Handelte es sich bei den Möhren- und Karottensoldaten um Darsteller oder um Zuschauer? Die Ausrichtung des Souffleurkastens gab darüber keine Auskunft; sowohl vor der Öffnung als auch auf der anderen Seite lagen tote Krieger. Es musste also offen bleiben, ob das Schlachtfeld zum

Bühnenbild gehörte oder ob umgekehrt die Aufführung auf dem Schlachtfeld stattfand.

Wie dem auch sei, er wollte keine Sekunde länger in dieser trostlosen Umgebung verbringen. Stattdessen drängte es ihn, einen Blick hinter die Kulissen zu werfen. Der Souffleurkasten war weder breit noch hoch, trotzdem beschloss er es zu wagen. Wer, wenn nicht er, sollte diesen Weg beschreiten können? Die Füße voran, Gesicht zum Boden, zwängte er sich durch die Öffnung und sank langsam in die Tiefe. Sofort wurden seine Hände wieder schmutzig, aber es klappte. Ein Hoch auf seine Dürrheit! Weiter nach unten rutschen ... noch ein bisschen ... seine Zehen fanden Halt. Er stand. Warf einen letzten Blick nach draußen, in den Himmel und über die graue Landschaft, die er nicht vermissen würde. Dann tauchte er ab.

Unter der Erde herrschte Düsternis. Nur durch die Öffnung über ihm fiel ein wenig Licht. Gebückt sah er sich um, gab seinen Augen Zeit, sich an die Verhältnisse zu gewöhnen. Der Anfang eines Gangs war zu erkennen, eine Folge von Türen und links an der Wand ein weißes Emailleschild mit der Aufschrift »Bitte Ruhe«. Er stieg aus dem Souffleurkasten herab, bis er wieder aufrecht stehen konnte. Dann tastete er sich vorwärts, in die Dunkelheit hinein. Aber machte das überhaupt Sinn? Wie weit würde er kommen?

Plötzlich hielt er inne. Er hatte ein Geräusch gehört, ein sehr leises, aber regelmäßiges Geräusch, wie ein Kratzen oder Schleichen. Komisch, jetzt war es weg. Hatte er sich getäuscht? Oder stand der andere nun genau wie er selbst im Dunkeln, bewegungslos, atemlos, alle Sinne in Alarmbereitschaft? Es war so still, zermürbend still. Dann ging es wieder los. Das Kratzen. Das Schleichen.

Offenbach presste die Lippen zusammen.

Endlich, nach langen Sekunden des Wartens, sah er auch etwas. Eine Art Schimmer, ein ganz schwaches Leuchten, vielleicht Reflex der Lichtquelle in seinem Rücken auf einer spiegelnden Oberfläche. Er hatte das Gefühl, jemand käme auf ihn zu, eine Gestalt ohne Wärme, ein körperloses Etwas …

Und da kam auch einer. Oder eine? Der Schimmer verstärkte sich, erste Konturen wurden sichtbar. Automatisch wich er einen Schritt zurück. Und noch einen. Das Ding folgte ihm. Er ging weiter rückwärts, und als er wieder am Souffleurkasten angelangt war, konnte er auch sein Gegenüber erkennen. Es handelte sich um ein seltsam proportioniertes, von Kopf bis Fuß gepanzertes Wesen mit dünnen, behaarten Beinen und ebensolchen Armen. Von letzteren gab es übrigens vier. Aus seinem Kopf ragten zwei antennenartige Gebilde. Das Wesen blieb eine Zeitlang vor Offenbach stehen und fixierte ihn aus großen, starren Augen. Irgendwann sagte es mit einer sehr weichen, hohen Stimme: »Ich bin eine Ameise.«

»Das sehe ich«, antwortete der Komponist. Er log ein bisschen.

»Ich bin eine Ameise und freue mich, dass Sie zu uns gefunden haben, Herr Offenbach.«

Er schwieg. Dass man ihn und seine Musik kannte, war nichts Neues für ihn. Unter der Erde hätte er allerdings nicht damit gerechnet.

»Wir alle freuen uns«, fuhr die Ameise mit Nachdruck fort. »Ich spreche ja nicht nur für mich, das tue ich niemals. Das Ich zählt bei uns nicht. Wir sind eine große, friedliche Gemeinschaft, und deshalb ist meine Freude die Freude aller.«

»Verstehe. Danke.«

»Sehen Sie in mir eine Art Abgesandten. Meine Aufgabe

ist, Sie zu fragen, ob Sie sich für eine Oper über Ameisen erwärmen könnten.«

»Ich?«

»Uns ist kein anderer Komponist eingefallen, dem wir es zutrauen. Eine Oper, in der Ameisen vorkommen. Nicht nur als Statisten oder Chor, sondern solistisch. In großen dramatischen Rollen. Die Zeit wäre reif, finden Sie nicht?«

»Eine Oper mit Ameisen? Ja, das wäre eine interessante Idee. Ein interessanter Vorschlag.«

»Nicht wahr? Eine Szene könnte doch in einem Ameisenbau spielen, so wie hier. Das hat noch keiner gewagt. Nicht einmal Richard Wagner.«

»Oh, wenn Sie Wagner fragen wollen …«

»Dann hätten wir ihn gefragt. Nein, Herr Offenbach, bei Ihnen fühlen wir uns besser aufgehoben. Sie haben so einen speziellen Blick. Einen Blick für das Kleine.«

»Vielen Dank. Ich fühle mich geehrt. Eines aber wundert mich.«

»Nämlich?«

»Sie sagen, das Ich zählt bei Ihnen nichts. Warum wollen Sie dann unbedingt Solopartien in meiner Oper? Das widerspricht sich doch.«

»So war das nicht gemeint.« Die Antennen der Ameise gerieten ins Trudeln. »Es geht ja nicht um … nicht darum, Einzelne ins Blickfeld zu rücken. Es geht um das Generelle, um Aufmerksamkeit. Dass der Zuschauer lernt, die Ameise wahrzunehmen, verstehen Sie? Dass er merkt, es gibt sie, und sie ist etwas Besonderes, ein besonderes Tier, ja? Sonst kennt man uns immer nur als Masse, und angeblich sehen wir alle gleich aus.«

»Einen Chor der Ameisen könnte ich mir tatsächlich gut vorstellen.«

»Wirklich? Ist das wahr?« Stolz und Freude huschten

kurz über das Chitinantlitz der Sprecherin. »Dann kommen Sie mit, ich will Ihnen meine Kollegen vorstellen. Kommen Sie!« Sie griff ihn am Arm und zog ihn mit sich, in den finsteren Gang hinein. Offenbach sträubten sich alle Haare, aber was sollte er tun? Hier unten war ihm das Tier überlegen, und es schien ja keine bösen Absichten zu verfolgen. »Verstehen Sie mich nicht falsch«, fuhr die Ameise fort, »von uns kann der Mensch noch lernen. Was Disziplin angeht zum Beispiel. Aber auch politisch. Wir sind ein funktionierender Staat, die perfekte Monarchie. Wir führen keine Kriege wie die da oben. Wir sind solidarisch.«

»Schön«, sagte Offenbach und dachte: »Langweilig.« So dankbar er in diesem Moment dafür war, dass es sich bei seinen neuen Bekannten um eine friedliebende, gut organisierte Spezies handelte – als Dramatiker verfolgte er andere Interessen. Mit dem perfekten Staat konnte er nichts anfangen. Nicht auf der Opernbühne!

»Ich dachte mir, dass Ihnen das gefällt«, sagte die Ameise, um im nächsten Moment abrupt stehen zu bleiben. »Und das ist noch nicht alles.« Sie räusperte sich.

Mittlerweile herrschte totale Dunkelheit um sie herum. Trotzdem war sich Offenbach sicher, dass seine Gesprächspartnerin just in diesem Augenblick errötete – falls Ameisen erröten können. Eine leichtes Beben in ihrer Stimme verriet es.

»Nein?«, sagte er in die Schwärze hinein.

»Wir … wir können auch singen«, kam als Antwort. »Alle Ameisen können das. Vielleicht kann ich es sogar ein kleines bisschen besser als … aber nein, vergessen Sie's, es wäre unfair den anderen gegenüber.«

Sie räusperte sich noch einmal. Und dann begann etwas, das der Komponist wohl kaum als Gesang wahrgenommen hätte, wäre es ihm durch die Ameise nicht angekündigt worden. Laute, die aus unterschiedlichsten Richtungen gleichzeitig zu kommen schienen, nur nicht aus der, wo er aktuell den Ameisenmund vermutete. Lauschend drehte er seinen Kopf hierhin und dorthin. Überall Finsternis, überall Musik: Ein Glucksen und Juchzen war das, vielstimmig, wie das Plätschern im Wald während der Schneeschmelze. Von fern erinnerte es ihn an ein Jodeln, das er einmal in der Schweiz gehört hatte, aber dies hier war viel herber, viel urtümlicher. Es musste mit dem speziellen Resonanzkörper der Ameise zu tun haben, mit ihrer chitingefassten Leiblichkeit.

»Ja«, sagte er, als das Konzert zu Ende war, »das ist sehr eindrucksvoll. Wirklich sehr eindrucksvoll.«

Bevor die Ameise etwas entgegnen konnte, flammte in einiger Entfernung ein Licht auf. Jemand mit einer Fackel betrat den Gang. Weitere Lichter wurden sichtbar, jetzt waren auch Stimmen und Fußgetrampel zu hören.

»Weg hier«, rief die Ameise, packte Offenbach beim Arm und riss ihn in die entgegengesetzte Richtung fort. Es blieb ihm gar nichts übrig, als ihr zu folgen. Sehen konnte er nichts, nur hören und erahnen, wohin sie rannte.

»Was ist los?«, keuchte er.

»Kommen Sie!«

Also weiter. Da vorne, schwaches Licht: der Souffleurkasten. Anstatt durch die Öffnung ins Freie zu klettern, öffnete die Ameise eine der seitlichen Türen, hinter der sich ebenfalls ein Gang erstreckte. Sobald die Tür hinter ihnen ins Schloss fiel, war Offenbach blind wie zuvor. Er stolperte mehr, als er lief, von seiner Begleiterin unermüdlich angetrieben. Und während in ihrem Rücken alles ruhig blieb, tat sich auf der anderen Seite etwas. Ein Grollen kam auf, die Erde schien zu beben, und plötzlich wurde weit vor ihnen ein schmaler Streifen Licht sichtbar.

Der Streifen wurde breiter, heller, auch das Grollen nahm an Stärke zu.

Offenbach und die Ameise waren stehen geblieben. Was ging hier vor?

Hinter ihnen knallte eine Tür gegen die Wand. Nun kamen sie also doch, ihre Verfolger. Das Licht vieler Fackeln fiel durch den Gang. Gleichzeitig wurde es in der anderen Richtung immer heller, stürzte die Decke ein, brach die Erde auf. Schon waren Teile des Himmels, blaue Scherben, zu sehen. Und mit dem Tageslicht strömten Möhrensoldaten in die Tiefe, hintereinander, wohlgeordnet. Auf den Trümmern des eingestürzten Gangs nahmen sie Aufstellung und präsentierten ihre Waffen. Sobald sie standen, kehrte Stille ein. Die Verfolger mit den Fackeln, auch sie pickelhaubenbewehrt, trieben den Komponisten und die Ameise nach oben, ins Freie. Am Spalier der Möhren ging es vorbei, bis die beiden die Erdoberfläche erreicht hatten. Blinzelnd schaute Offenbach sich um. Ein ganzes Möhrenregiment hatte sich hier versammelt. Nicht weit entfernt entdeckte er einen Ameisenhaufen, den ein paar Soldaten mit ihren Bajonetten bearbeiteten. Trockene Nadeln und Zweige stoben durch die Luft. Vermuteten sie etwa einen Feind in dem Haufen? Als Offenbach sich zu seiner Begleiterin umwandte, war die verschwunden. Nur eine winzige Waldameise krabbelte über den Boden davon.

»Willkommen«, hörte er jemanden sagen. »Willkommen, lieber Herr Offenbach, herzlich willkommen. Auch wenn unsere Begegnung nur von kurzer Dauer sein wird.«

Ein Möhrengeneral – hochgewachsen, weißer Backenbart, Lachfältchen in den Augenwinkeln – kam mit ausgestreckter Hand auf ihn zu. Sein Händedruck war warm, sein Nicken freundlich. Auf diese Begrüßung folgte eine Geste des Bedauerns.

»Es tut mir leid, mein Lieber, Ihnen so viele Umstände machen zu müssen, aber Befehl ist Befehl. Und Sie wollen ja nicht ewig auf Ihre Hinrichtung warten.«

»Was sagen Sie?«, stieß Offenbach hervor.

»Warten ist immer das Schlimmste.«

»Worauf denn? Wieso Hinrichtung?«

»Sie können auch von Ableben sprechen, vom letzten großen Schritt, Ihrer Dematerialisierung.« Der Mann wies auf seine Soldaten. »Zeigen Sie diesen Herrschaften, wie es ist, den Heldentod zu sterben, damit sie sich an solche Dinge gewöhnen können. Schließlich kommt rein statistisch gesehen jeder Dritte von ihnen in den Genuss, auf dem Feld der Ehre zurückzubleiben.«

»Aber warum ich? Was habe ich getan?«

Der General schaute ihn erstaunt an. »Sie gehören zum Feind, Herr Offenbach. Schon vergessen?«

»Ich bin Künstler und gehöre zu niemandem! Gestern Abend noch saß Ihr König in meinem Konzert und hat mir zugejubelt.«

»Sie sagen es: gestern.«

»Und heute?«

»Haben wir Krieg.«

»Hören Sie, ich bin kein Feind der Möhren. Überhaupt nicht. Ich habe niemals einer etwas getan.«

Der General lüpfte eine Braue. »Sie sind doch Herr Jacques Offenbach.«

»Ja, sicher.«

»Der Komponist diverser Operetten?«

»Richtig.«

»Da haben wir's.« Er zückte ein Papier und entfaltete es umständlich. »Hier steht es: Offenbach, Jakob, geboren 1819 in Köln, für schuldig befunden des wiederholten Angriffs auf das Königreich der Möhren. Bevorzugte Waffe: die Operette.«

»Wie bitte?«

Der General faltete das Papier wieder zusammen. »Wir hier in der Armee sind ja keine Musikexperten, deshalb haben wir ein Gutachten erstellen lassen. Und der Berichterstatter der Leipziger Allgemeinen Musikalischen Zeitung hat bestätigt, dass Sie seit Jahren unser Land mit Operetten bombardieren.«

»Bombardieren nennen Sie das?«

»Unter Verwendung der üblichen Munition: Satire, Witz, Parodie und wie das moderne Zeug alles heißt. Unser Fachmann sagt, Sie seien als Attentäter einzustufen, außerdem als Verräter, da aus Köln stammend. Und was mit einem Verräter geschieht, wissen Sie ja.« Lächelnd legte er dem Komponisten eine Hand auf die Schulter. »Dann wollen wir mal, mein Lieber.«

Offenbach war wie gelähmt vor Entsetzen. Er konnte sich zwar nicht vorstellen, dass dieses Bühnenstück, sei es nun Komödie oder Tragödie, in einer Exekution kulminieren würde. Einer echten wohlgemerkt. Aber man wusste ja nie. In moderner Literatur war vieles möglich. Und selbst auf eine gespielte Hinrichtung hatte er keine Lust.

»Hier muss eine Verwechslung vorliegen«, sträubte er sich. »Ich bin Musiker. Musik taugt nicht als Waffe. Wenn Sie das glauben, dann liegen Sie falsch. Das, was Ihre Soldaten da tragen, das sind Waffen. Richtige Waffen. Mit denen kann man Menschen umbringen, nicht mit Tönen.«

Langsam nahm der Möhrengeneral seine Hand von Offenbachs Schulter. Jegliche Jovialität verschwand aus seinem Gesicht. »Monsieur«, sagte er ernst, »Monsieur, soll das heißen, unsereins verstünde nichts von Musik? Ich hoffe, das heißt es nicht. Wir sind Soldaten, sicher, und in heiklen Fällen holen wir uns Rat bei Fachleuten. Aber ein Gespür, einen Sinn für Musik haben wir sehr wohl. Wir alle hier.«

»Und wie kommen Sie dann auf so einen irrwitzigen Gedanken, ich würde mit meinen Sachen Attentate verüben?«, rief der Komponist verzweifelt.

»Wie gesagt, das Gutachten eines Leipziger Experten. Einen Moment bitte.« Der General wandte sich seinen Truppen zu, brüllte gestikulierend einige Kommandos, woraufhin eine größere Gruppe von Möhrensoldaten vortrat und strammstand. »Passen Sie auf«, sagte er, nun wieder an Offenbach gerichtet, »wir werden Ihnen beweisen, wie musikalisch unser Heer ist. Diese einfachen Soldaten werden Ihnen ein schönes möhrisches Volkslied präsentieren. Hören Sie genau hin.« Er nahm Befehlshaltung ein. »Auf geht's, Kameraden! Eins – zwei!«

Offenbach sah, wie die Soldaten ihre Münder öffneten, wie sie Luft holten und Laute formten. Hören konnte er allerdings nichts. Wenn das ein Gesang war, dann ein stummer. Vorsichtig schielte er zu dem General hinüber. Der war flammend rot angelaufen, ob vor Zorn oder vor Scham, ließ sich nicht entscheiden.

»Was soll das?«, brüllte er. »Warum wird nicht gesungen?«

Ein Möhrenoffizier salutierte und trat einen Schritt vor. »Bedaure, General. Die Männer können nicht.«

»Warum nicht?«

»Weil ihnen etwas fehlt.«

»Und das wäre?«

»Ihre Zungen.«

Nach einer Überrumpelungssekunde ging der General zu einem der Soldaten, riss ihm den Mund auf und schaute hinein. Dasselbe tat er bei dessen Nachbarn. Dann kehrte er an seinen Platz zurück. »Warum haben diese Männer keine Zungen?«, schrie er den Offizier an.

»Eine Sparmaßnahme, General. Es hat sich als hilfreich erwiesen, wenn der Soldat nicht protestieren kann.«

»Ist diese Maßnahme flächendeckend durchgeführt worden?«

»Allerdings, General.«

»Abtreten!« Während sich der Offizier trollte, atmete der General tief durch. Seine Kiefer mahlten. Dann riss er sich zusammen und schenkte Offenbach das gleiche freundliche Lächeln wie zuvor. »Es tut mir leid, ich fürchte, Sie müssen auf unsere kleine Lieddarbietung verzichten.«

»Kein Problem«, erwiderte Offenbach, plötzlich erleichtert. »Das erinnert mich an eine meiner Operetten. Da haben wir auch einen Ritter ohne Zunge eingeführt.«

»Tatsächlich?«

»Die Zensurbehörde wollte uns nur eine bestimmte Zahl von Darstellern gestatten. Gegen eine stumme Rolle konnte sie nichts einwenden. Sagen Sie«, er legte die Stirn in Falten, »ist es möglich, dass diese Soldaten meine Operette kennen und sie gewissermaßen nachspielen?«

»Das kann ich mir nicht vorstellen. Meine Männer …«

»Wissen Sie, wie mein Stück ausgeht?«, unterbrach Offenbach. »Anstatt sich die Köpfe einzuschlagen, bekommen alle Rabauken Durchfall. Verstehen Sie? Eine Operette, die auf dem Klo endet! So was hat die Welt noch nicht gesehen. Gesehen vielleicht, aber nicht gehört.« Er legte beide Hände um den Mund und schrie: »Durchfall! Diarrhöe! Dünnschiss! Kein Krieg, nirgends!«

Empört, geradezu angewidert schaute der General ihn an. Aber diese Empörung verwandelte sich rasch in Entsetzen, als sich ein Möhrensoldat nach dem anderen zu krümmen begann, sich den Bauch hielt, an den Hintern griff. Schon wankten die ersten und stürzten in die Büsche. Die Reihen lichteten sich. Vergeblich versuchten der General und seine Offiziere, für Ordnung zu sorgen. Auch sie wurden bald vom allgemeinen Durchmarsch ergriffen.

Grimmig sah Offenbach zu, wie sich der Platz vor ihm leerte. Als einer der letzten verabschiedete sich der General.

»Entschuldigen Sie, Monsieur«, stammelte er. »Bitte bleiben Sie, ja? Es dauert nur einen Moment.«

Offenbach schüttelte den Kopf und wandte sich zum Gehen. Niemand hielt ihn auf, niemand trat ihm in den Weg. Er würde Adolphe und Etienne schreiben, wie gut ihr Stück bei den Möhren angekommen war. Vor allem das Ende. Und gerade über das hatten sie sich damals die Köpfe heiß geredet. Gestritten hatten sie sich! Durfte man dem Publikum so etwas zumuten? Was war mit Anstand, Schicklichkeit, Moral?

Offenbach, grimmig lachend, kickte im Gehen einen Stein beiseite. Wer zuließ, dass sich junge Männer gegenseitig die Arme abhackten und den Bauch aufschlitzten, der brauchte einem nicht mit Moral zu kommen. Ja, der sollte sich in die Hosen scheißen, bis es überlief.

»Ich habe gesprochen«, sagte er zu sich selbst.

Mittlerweile hatte er einen Wirtschaftsweg erreicht, der talabwärts führte, in Richtung Lahn, wie er hoffte. Die Sonne stand hoch, vor ihm flatterten Schmetterlinge. Er überlegte, was nun zu tun war. Am besten kehrte er sofort ins Hotel zurück, packte und nahm den nächsten Zug nach Wiesbaden. Seiner Frau würde er schreiben, dass sie sich in Wien treffen sollten. Zwar bestand praktisch überall die Gefahr, auf uniformierte Möhren zu treffen – in der Stadt, auf den Bahnhöfen, sogar im Hotel –, aber wenn ihn nicht alles täuschte, hatten die Soldaten in diesem Moment anderes zu tun, als Verräter und Musikterroristen zu verfolgen.

Diesen AMZ-Artikel musste er sich unbedingt besorgen. Vielleicht konnte man später, wenn der Krieg vorbei war, einmal ein Stück daraus machen. Hal und Hac würden sich voller Gier darauf stürzen.

Tatsächlich gelangte er nach halbstündigem Fußmarsch unbehelligt an sein Hotel. Der Portier nickte ihm zu, er trat ein und ließ seine Blicke durch das Foyer schweifen. Keine Möhren zu sehen. An der Rezeption reichte ihm der Empfangschef seinen Zimmerschlüssel, nicht ohne hinzuzufügen: »Nach Ihnen wurde gefragt, Monsieur.«

»Nach mir?«

Nicken.

»Von wem?«

Der Empfangschef bewegte den Kopf hin und her. Das sollte wohl heißen: Wer weiß, wer weiß.

»Soldaten?«

»Zivilisten.« Und dann, leise: »Ausländer.«

Offenbach zuckte mit den Achseln und ging zur Treppe. Wenigstens kein Militär, das beruhigte ihn. Vielleicht einer seiner Musiker. Ein Sänger, der wissen wollte, wie es jetzt weiterging angesichts der politischen Lage. Egal. Er hatte sein Zimmer erreicht und war eben im Begriff, den Schlüssel ins Schloss zu stecken, als er hinter sich ein Geräusch hörte. Er drehte sich um. In einer offenen Tür stand ein gut aussehender junger Mann, der ihn mit einem Finger heranwinkte.

»Monsieur Offenbach«, flüsterte der Mann. »Auf ein Wort!«

Offenbach zögerte. Der Finger gefiel ihm nicht besonders. Aber weil der junge Mann so unmilitärisch wirkte, im Grunde ganz wie ein vermögender Pariser Lebemann, leistete er der Aufforderung schließlich Folge. Er steckte den Schlüssel wieder ein und ließ sich von seinem Nachbarn ins Zimmer bitten. Dort saßen weitere Herren um einen Tisch, alle nach der neuesten Mode gekleidet, manche von ihnen rauchend, andere mit einem Glas in der Hand. Offenbach zählte insgesamt sieben Personen. Der junge Mann schloss die Tür und begann mit der Vorstellung. Es waren lauter wohlklingende französische Namen, die dem Komponisten nichts sagten. Bestimmt nur Rollennamen. Aber sie klangen gut.

»Lassen Sie mich als erstes betonen«, fuhr der Bonvivant fort, »dass wir Sie als Musiker außerordentlich schätzen, Monsieur. Die Aufführung im Kursaal haben wir alle sehr genossen.« Seine Kollegen nickten, einer klatschte sogar Beifall, ohne die Zigarre aus dem Mund zu nehmen.

»Sie waren gestern Abend im *Fortunio*?«, entgegnete Offenbach.

»Gestern? Nein.« Kurz sanken die Mundwinkel des jungen Mannes nach unten. »Es ist schon ein paar Tage her. Fast zwei Wochen, würde ich sagen.«

»Dann haben Sie *Une demoiselle en loterie* gesehen.«

»Das war es. Exakt.« Und schon begann einer der Herren, eine Melodie aus der Operette zu summen, die anderen fielen ein.

»Sehr freundlich.« Der Komponist nickte allen zu. »Vielen Dank.«

»Aber nun«, der Bonvivant klatschte in die Hände, »zum eigentlichen Grund unseres kleinen Tête-à-tête hier in Ems. Sie haben vermutlich keine Ahnung, mein Lieber, wer wir in Wahrheit sind?«

Offenbach schwieg vorsichtshalber. Schauspieler, die auf der Bühne ihre wahre Identität preisgaben? Ein gewagtes Stilmittel!

»Voilà!« Mit einem raschen Griff riss sich der junge Mann die Gesichtshaut vom Schädel – nur dass diese Haut nichts anderes war als eine Maske. Darunter kam ein orangenes Antlitz voller Runzeln zum Vorschein. Ein Karottenantlitz!

Entsetzt trat Offenbach einen Schritt zurück. Einer nach dem anderen legte nun seine Maske ab. Eine Rübenmiene nach der nächsten wurde enthüllt. Da war er doch tatsächlich unter die Karotten geraten. Vom Regen in die Traufe sozusagen! Wie konnte das passieren?

»Bitte setzen Sie sich, Monsieur.« Der Bonvivant bot ihm einen Sessel an. »Möchten Sie etwas trinken? Oder eine Zigarre? Ausnahmslos beste französische Ware.«

Offenbach schüttelte den Kopf und ließ sich in den Sitz sinken. Sein schöner Plan, die Fahrt nach Wien, alles zerrann ihm zwischen den Fingern. Seine einzige Hoffnung war, dass man ihn nicht allzu lange festhielt.

»Sie fragen sich bestimmt«, hörte er seinen Gastgeber sagen, »was wir an diesem Ort machen. Weit weg von zu Hause. Nun, wie Sie selbst feststellen konnten, ist das Tarnen unser Metier. Wir sind allesamt Geheimdienstler, eine Art Spezialeinsatzkommando innerhalb der Karottenarmee. Natürlich wissen die Möhren nichts von unserer Existenz, für sie sind wir harmlose Kurgäste.«

Seine Leute lachten und prosteten sich zu. Insgeheim bewunderte Offenbach die Lässigkeit, mit der sich diese Männer in ihren Sesseln lümmelten und das Leben genossen. Mitten im Feindesland, wohlgemerkt.

»Unsere Mission«, fuhr der Sprecher fort, »ist fast zu Ende. Wir haben nur noch einen letzten Auftrag: Sie nach Paris zu bringen.«

»Paris«, seufzte eine der Geheimkarotten und schaute wehmütig dem zerfließenden Zigarrenrauch hinterher.

»Das ist sehr freundlich von Ihnen«, sagte Offenbach, »allerdings möchte ich gar nicht nach Paris. Ich habe andere Ziele.«

Der junge Mann lächelte. »Sie möchten nicht?«

»Jetzt, wo Krieg herrscht, gibt es keine Aufführungsmöglichkeiten für mich. Und ich brauche Aufführungen, davon lebe ich.«

»Oh, wir können Sie auch gleich hier erschießen, wenn Ihnen das lieber ist. Oder unterwegs, auf der Flucht. Wobei Paris schon wesentlich mehr Flair hat, finden Sie nicht?«

»Standgericht auf dem Montmartre«, rief einer. »Im Bois de Boulogne. Wunderbar!«

»Erschießen?«, stotterte der Komponist. »Mich? Kommen Sie jetzt auch mit diesem Unsinn?«

Die gut aussehende Jungkarotte nahm neben ihm Platz und schenkte sich ein. »Ich weiß nicht, von welchem Unsinn Sie sprechen, Monsieur, aber vielleicht sollten Sie nun doch einen Schluck nehmen. Champagner?« Er hielt Offenbach die Flasche hin, der erneut abwehrte. Achselzuckend stellte sie der Mann auf den Tisch zurück. »Dachten Sie, wir würden Sie laufen lassen? Einen Möhrenspion? Da wären wir aber schlechte Karottenkrieger, mit Verlaub.«

»Schlechte Patrioten«, nickte einer.

»Allerdings. Sie müssen zugeben, Monsieur Offenbach, dass Sie seit Jahren den Karottenstaat verhöhnen. Die Karottenkultur, den Karottenkaiser. Verspotten, in den Dreck ziehen, lächerlich machen. Das sind Ihre Methoden. Und Sie brüsten sich noch damit.«

»Aber dem Publikum gefällt's«, protestierte der Komponist. »Auch dem Karottenpublikum. Gerade dem!«

»Im Frieden vielleicht. Jetzt herrscht Krieg. Da gelten andere Maßstäbe.«

»Und was ist mit Hal & Hac? Wollen Sie die auch füsilieren?« Als er die verständnislosen Mienen der Karotten sah, fügte er hinzu: »Halévy und Meilhac, meine Librettisten.«

»Im Gegensatz zu diesen beiden sind Sie Ausländer, lieber Offenbach. Und: Jude.«

»Jude!«, echoten die anderen dumpf.

»Das Gefühl des Patriotismus ist Ihnen also per se und

a priori fremd. In Friedenszeiten mögen Sie als Spötter durchgehen. Jetzt im Krieg sind Sie Verräter.«

»Und Sie wissen ja, was mit Verrätern geschieht«, ergänzte einer der Herren.

Offenbach schnappte nach Luft. »Das ist nicht wahr. Sie verkennen mich. Ich bin der patriotischste Patriot, den dieses Land überhaupt jemals gesehen hat. Ich habe …« Er verstummte. Eigentlich hätte er jetzt gern auf die vielen Karottenhymnen verwiesen, die er einst geschrieben hatte. Beziehungsweise, um ehrlicher zu sein: auf die ein oder zwei Karottenhymnen aus seiner Feder. Das Problem dabei war, dass er ebenso viele Möhrenhymnen komponiert hatte. Auch schon eine Zeitlang her, aber diese Geheimdienstler wussten garantiert Bescheid.

»Sie waren vorhin bei den Möhren«, sagte der junge Mann. »Man hat Sie gesehen.«

»Ach, hat man das?« Offenbach schöpfte neue Hoffnung. »Dann hat man bestimmt auch gesehen, dass ich dort um ein Haar erschossen wurde. Genau, wie Sie es jetzt vorhaben.«

»Davon ist mir nichts bekannt. Im Gegenteil, uns wurde von einer Chordarbietung durch die Möhrentruppen berichtet. Man scheint sie zu schätzen beim Feind.«

»Die wollten mich abknallen«, wiederholte Offenbach in flehendem Ton. »Ehrlich!«

»Dafür sind Sie aber noch ziemlich munter. Nein, mein Lieber, wem die Möhrenarmee ein Ständchen bringt, der muss ein Verräter sein. Habe ich recht?«

»Völlig recht«, dröhnte es in der Runde. Gläser klirrten, die Champagnerflasche kreiste. Offenbach schaute verzweifelt von einem zum anderen.

»Dabei können Möhren gar nicht singen«, meldete sich ein Karottenkrieger zu Wort.

»Stimmt«, sagte sein Nachbar. »Möhren sind das unmusikalischste Gemüse, das mir je untergekommen ist. Sie können nur marschieren.«

»Wir dagegen …«

»Oh ja, oh ja!«, kam es von allen Seiten. Und dann machte einer den Vorschlag, dem Herrn Komponisten die wahre Größe und Schönheit des Karottengesangs vorzuführen, damit er ein für allemal begreife, an welcher Kulturnation er sich vergangen habe. Dieser Vorschlag fand den Beifall sämtlicher Anwesenden mit Ausnahme Offenbachs, woraufhin der junge Bonvivant sein Glas leerte, sich erhob und zu einer der Seitentüren schritt.

Er legte seine Hand auf den Türgriff, deutete eine Verbeugung an und sagte: »Aufgemerkt, Monsieur!« Danach öffnete er die Tür.

Erst war nur ein Rumpeln zu hören. Das Rumpeln ging in ein Scheppern über, in eine Art metallisches Klirren – und dann betrat ein Ritter in voller Montur den Raum. Er schritt weniger, als dass er wankte, seine gepanzerten Arme und Beine ruderten unkoordiniert durch die Luft. Hinter ihm wurden weitere Ritter sichtbar, auch sie wackelnd und schwankend. Die Karottenkrieger erhoben sich von ihren Sitzen und zogen sich unter Applaus an die gegenüberliegende Wand zurück. Am Ende füllte ein gutes Dutzend Ritter das Zimmer. Sie bildeten einen Halbkreis, ohne dabei still stehen zu können. Immerfort rappelte und schepperte etwas, ein Gelenk knirschte, Helme stießen aneinander. Einer von ihnen hätte fast das Gleichgewicht verloren.

Der Komponist verfolgte das Spektakel mit wachsendem Unbehagen. Was irritierte ihn an dem Aufmarsch so? Er fixierte einen der Ritter, spähte durch den Schlitz in seinem Visier – da war nichts. Keine Augen, keine Haut! Bei dem daneben: ebenfalls nichts. Noch einer weiter: nichts, die totale Leere im Innern des Helms.

Entgeistert schüttelte Offenbach den Kopf. Das hier waren keine Ritter in Rüstung. Das waren hohle Panzer. Wankendes Altmetall! Bloße Hülle!

»Wir sind schon sehr gespannt!«, rief der junge Karottenbonvivant, schier berstend vor Stolz.

Wirklich schien es die Rüstungen nicht groß zu bekümmern, dass in ihrem Zentrum eine Lücke klaffte. Auf das Kopfnicken – Helmnicken! – eines, der ganz außen stand, begannen sie zu singen. Und im Gegensatz zu den zwar körperlich vorhandenen, aber stummen Möhrensoldaten brachten sie etwas zu Gehör. Mit Gesang hatte es wenig zu tun, dafür viel mit Blech und Rost, mit harter Arbeit und der Grobheit von Maschinen. Offenbach fühlte sich in ein Bergwerk versetzt, in dem eine Sinfonie des Hämmerns, Bohrens und Sägens von den Wänden hallte. Rau klang es, heiser und uralt. Ja, es lag ein Schimmer von Vergangenheit darin, viel älter als die Raubritterzeit, älter als alles Menschendasein. Vielleicht hatte es damals so geklungen, als der Planet noch wüst und leer war, als sich die Kontinente bildeten, als Stein auf Stein krachte, als Feuer fiel und die Erde seufzte. Offenbach konnte sich nicht entscheiden, ob er die Rüstungen für ihre Darbietung bewundern oder ob er sie einfach lächerlich finden sollte. Den Geheimdienstlern ging es übrigens ähnlich. Zwar nickten sie aufmunternd und ließen einige Bravos hören, doch es war nicht zu übersehen, dass sie bei besonders schrillen Lauten zusammenzuckten oder das Gesicht verzogen. Hatten sie keine Angst, der Lärm könnte das Hotelpersonal alarmieren und dadurch ihre Tarnung auffliegen lassen?

Offenbach würde nie eine Antwort auf diese Fragen bekommen, denn in diesem Moment bemerkte er etwas

Sonderbares. Unversehens war es dunkel geworden in dem Zimmer, viel dunkler, als es der Tageszeit entsprach. Auch den Karotten schien dies aufzufallen. Während der Chor weiter rasselte und schepperte, ging eine von ihnen zum Fenster und zog die Vorhänge beiseite. Draußen herrschte eine eigentümliche Stimmung. Der Himmel war tiefgrau, fast schwarz, nur hin und wieder von einem Wetterleuchten erhellt.

»Kommt her!«, schrie der Karottenkrieger zu seinen Kollegen gewandt. »Schaut euch das an!«

Alles eilte zum Fenster. Der Chor der Rüstungen verstummte. Dafür war nun ein Grollen zu hören, ein leises, drohendes Grollen, das aber nicht von fernem Donner herrührte, sondern tief aus der Erde zu dringen schien. Stärker und stärker wurde es und ließ das Gebäude zittern.

»Weg hier!«, brüllten die Karotten. »Rette sich, wer kann!«

Einer nach dem anderen stürzte zur Tür, der Tisch wurde angerempelt, Gläser landeten auf dem Boden. Eine der Rüstungen bekam einen so heftigen Stoß, dass sie umfiel und im Fallen sämtliche Choristen mit sich riss. Offenbach machte einen Schritt zur Seite, um nicht ein ähnliches Schicksal zu erleiden.

»Hauen Sie ab!«, schrie der junge Mann, der ihn ins Zimmer gelockt hatte, mit kreidebleicher Miene. Gleich darauf waren die Karotten verschwunden. Die übereinander gepurzelten Rüstungen türmten sich zu einem großen Blechberg.

Nun trat auch Offenbach zum Fenster, um zu sehen, was die Geheimdienstler so aus der Fassung gebracht hatte. Und tatsächlich, der Anblick war zum Staunen. Auf der anderen Seite des Lahntals, hinter den bewaldeten Hängen, ragte ein mächtiger Berg auf, der sich zuvor nicht an dieser Stelle befunden hatte, da war sich Offenbach sicher. Und aus dem Berg, aus seiner abgebrochenen Spitze, floss glühende Lava. Schwarze Wolken standen um den Gipfel und verfinsterten den Himmel. Auch die Stadt Ems lag im Dunkeln, Asche stob durch die Straßen. Menschen liefen in Panik umher, schrien, beteten, rangen die Hände.

Offenbach dagegen stand regungslos am Fenster und konnte seinen Blick nicht von dem Schauspiel wenden. Immer wieder schossen Flammen aus dem Krater empor, Lavastrahlen wurden zu hellen Pfeilen. Es war, als spucke der Vulkan den Himmel an. Hatte der urweltliche Gesang der Rüstungen ihn geweckt? Die Tiefenbohrung der Altvorderen? Offenbach wusste es nicht, er wusste nur, dass ihm dieser Ausbruch nichts anhaben konnte, schließlich befand er sich immer noch mitten in einem Theaterstück. Einem spektakulären und sicher auch spektakulär teuren Ausstattungsstück, das er selbst als Intendant sich niemals hatte leisten können.

Es war doch Theater, oder etwa nicht? Der Vesuv an der Lahn! Sardou hatte solche Einfälle, vielleicht stammte das Stück von ihm. Aber selbst wenn er richtig lag mit seiner Annahme, schien es ihm am vernünftigsten, von hier zu verschwinden. Krieg, Vulkanausbruch, Heilwasser: Es gab eine Menge Gründe, Ems den Rücken zu kehren. Hoffentlich fuhren die Bahnen noch!

Mit einem Ruck löste sich der Komponist vom Anblick des feuerspeienden Vulkans, umrundete den Haufen Blechkameraden und verließ den Raum. In seinem eigenen Zimmer packte er rasch seine Sachen. Als er schwerbeladen ins Hotelfoyer kam, war dort keine Menschenseele zu sehen. Wie sollte er es jetzt mit all seinem Gepäck bis zum Bahnhof schaffen? Gezahlt hatte er auch noch nicht.

Missmutig schrieb er einen kurzen Brief, den er an der

Rezeption hinterließ. Darin bat er die Direktion, ihm seine beiden Reisekoffer nachzuschicken, im Gegenzug würde er die Auszahlung der Übernachtungskosten durch die hiesige Bank veranlassen. Als Adresse gab er seine Wohnung in Paris an. Dann verließ er das Hotel mit nur einem Köfferchen in der Hand.

Die Atmosphäre in der sonst so lebendigen Kurstadt war gespenstisch. Asche lag wie schmutziger Schnee auf Dächern und Wegen, keine Seele ließ sich blicken. Die Nacht hatte den Tag in Geiselhaft genommen. Ob die Sonne je zurückkehren würde? Vom Grollen des Vulkans abgesehen, war es still, totenstill, und auch dieses Grollen wurde nun zunehmend schwächer. Beim Gang durch die verlassenen Straßen kam sich Offenbach so einsam vor, wie er es noch nie gewesen war. Der letzte seiner Art! Am Lahnufer hatten sich die Bäume in graue Statuen verwandelt, auf dem Gras lag ein Leichentuch. Kein Vogel war zu hören, und selbst das Wasser hatte eine andere Farbe als sonst.

Offenbach fröstelte. Seine Blicke schweiften flussauf- und flussabwärts, doch da war niemand. Kein Mensch. Nur Finsternis am Tag und Schnee im Sommer.

Den kleinen Koffer fest in der Hand, schlug er den Weg zur Lahnbrücke ein, die er schemenhaft aus dem Dunkel ragen sah. Ascheflocken wirbelten durch die Luft. Als er die Brücke erreicht hatte, hörte er ein Geräusch. Einen fernen, dumpfen Schlag, dem ein zweiter folgte und dann viele weitere, immer im gleichen Abstand. Er schaute in Richtung der Schläge, versuchte, die Schwärze über dem Fluss mit seinen Blicken zu zerteilen. Endlich nahm er einen Gegenstand wahr, der von Osten her auf ihn zutrieb. Ein Schiff, ein Kahn … etwas Schwimmendes. Die dumpfen Trommelschläge wurden lauter.

Langsam betrat er die Brücke. Ja, es war wohl ein Kahn,

der sich da näherte, ein breites, flaches Gefährt. In seiner Mitte gab es eine hoch aufragende Konstruktion, die so groß war, dass sie gerade unter den Lahnbrücken hindurch passte.

Aber was hatten die Schläge zu bedeuten? Warum regte sich nichts auf dem Schiff?

Offenbach stand jetzt mitten auf der Brücke. Und mit jeder Sekunde, die verstrich, konnte er mehr Einzelheiten erkennen. Was da auf ihn zukam, war kein Kahn, sondern ein Floß. Ein aus Hunderten Baumstämmen gefertigtes Floß, wie es auch in Zeiten der Dampfschiffe noch zum Holztransport verwendet wurde. Ganz außen sah er Menschen, weiß gekleidet, Paddel und Ruder in der Hand, die sie wie in Trance ins Wasser tauchten. Aber nicht durch sie kam das Floß voran, allein die Gewalt des Flusses trieb es Richtung Rhein. Bei der Konstruktion in der Mitte handelte es sich um ein mit Teppichen belegtes Holzpodest, auf dem ein riesiger Stuhl stand, eine Art Thron. Am erstaunlichsten aber war das, was sich auf dem Thron befand.

Offenbach lief es kalt den Buckel hinunter.

Da saß kein Mensch.

Sondern ein Hund.

Ein hünenhafter Hund. Ein Hundegigant, ein Fabelwesen. Um seinen Kopf wand sich eine Krone. Dazu dröhnte die Trommel, die Asche tanzte, die Menschen lächelten verzückt. Der Hund aber schaute hoch zu dem Mann auf der Brücke, er hechelte und wirkte dabei eher betrübt als aggressiv. Immer näher kamen er und sein Floß, und es war kein Laut zu hören, nicht einmal das Rauschen des Flusses; es wurde vom Ascheschnee geschluckt.

Nur die einsame Trommel hallte durch die Nacht. Wie eine Sanduhr, die ein Körnchen nach dem anderen fallen lässt. Offenbach sah den Hund, und er sah die Menschen, und er fror. Ja, schoss es ihm durch den Kopf, so seid ihr, ihr Menschen. So wart ihr schon immer. Wenn Gefahr droht, betet ihr einen Hund an. Ihr lasst euch treiben. Steuern tun andere, die Trommel ist euer Herzschlag. Ihr seid die Zungenlosen und die leeren Rüstungen, die Gefolgsleute, die Mitläufer. Ihr tut, was man euch sagt. Wenn die Scheiterhaufen lodern, sperrt ihr Augen und Münder auf, wenn die Ketzer erschlagen werden, spendet ihr Beifall. Ihr stürmt die Synagogen, ihr sortiert an der Rampe, ihr seid immer und nie dabei. Ihr Menschen. Verloren im Ascheregen.

So dachte der Komponist, und während er dies dachte, erreichte das Floß die Brücke. Es glitt auf ihn zu, unter ihm hindurch, ein mächtiger Schatten auf schwarzem Wasser. Matt glänzte die Krone des Hundes in der Dunkelheit. Gleich darauf war das Gefährt verschwunden. Er drehte sich um und schaute ihm nach, wie es auf der anderen Seite der Brücke weitertrieb, bis es von der Nacht verschluckt wurde.

Aber die Trommelschläge hallten noch lange durch das Tal.

Offenbach packte seinen Koffer und machte sich wieder auf den Weg. Vom Ende der Brücke war es nicht mehr weit bis zum Bahnhof. Der Aschewirbel hatte nachgelassen, dafür lagen Straßen, Häuser, Bäume und Berge, lag einfach alles unter einem weichen, grauen Überzug. Er dämpfte nicht nur die Schritte, sondern verlieh jedem einzelnen Ding den Schein von Unwirklichkeit.

Als wäre die Welt in Geschenkpapier eingepackt.

Und so beschlich Offenbach, am Ziel angekommen, ein mulmiges Gefühl. Das Gefühl nämlich, bei dem zweistöckigen Gebäude mit dem davor liegenden Arkadengang handle es sich gar nicht um den echten Bahnhof Ems. Sondern um das Bahnhofsmodell einer Spielzeugeisenbahn, einer auf Menschenmaß hochgezogenen Miniaturanlage. Mit ihm und seinen Zeitgenossen als Spielfiguren. Er hob sogar den Kopf, um zu sehen, ob nicht jemand den Staub vom Bahnhofsdach pusten wolle, ein Riese müsste das sein, größer noch und gewaltiger als der Hund auf dem Floß.

Aber nichts dergleichen geschah. Stattdessen öffnete sich die Tür des Bahnhofs und heraus schritt eine Person, die Offenbach nur zu gut kannte. Ihr Blick war vorwurfsvoll, in der Hand schwenkte sie einen Brief.

»Ich habe mich bewegt«, sagte der Komponist. »Viel sogar. Ich bin gelaufen und gegangen und geklettert …«

»Schluss damit«, unterbrach ihn die Öffentliche Meinung. »Ich habe hier einen Brief, und den lesen Sie jetzt vor.«

»Einen Brief für mich?«

»Nein, für die Leser. Und Leserinnen. Hier, bitte.«

Sie reichte ihm den Umschlag. Er öffnete ihn, entnahm ihm einen Zettel und begann zu lesen: *Dies ist das Ende der Erzählung. Es ist zwar kein richtiges Ende, was der Verlag außerordentlich bedauert, jedoch sehen wir keine andere Möglichkeit, den Exzessen und Unglaubwürdigkeiten der Handlung ein Ende zu setzen. Es ist ein Ende ohne Ende, und allein der Autor trägt hierfür die Verantwortung. Wir behalten uns Konsequenzen vor. Der Verlag.*

Offenbach sah auf. In der Ferne war der schrille Pfiff eines Zugs zu hören.

»Dieses Ende kenne ich«, sagte er.

»Eben«, sagte die Öffentliche Meinung.

NACHWORT

Wie es um das Verhältnis von Musik und Gesellschaft steht, hat mich in den letzten Jahren immer wieder beschäftigt. Eine erste Bilanz zog der Erzählungsband »Frontsignale«, 2010 im Conte Verlag erschienen. Im vorliegenden Buch spiele ich das Thema auf ähnliche Weise durch: Wieder geht es um vier Vertreter der abendländischen Musikgeschichte, wieder mische ich Fakten und Fiktion. Dass der Zugang zu klassischen Werken durch eine Reihe von Konventionen verstellt ist (sprachlicher, formaler, aber auch ästhetischer Art), macht die Sache nicht einfacher. Ganz zu schweigen von dem bedauerlichen Umstand, dass wir ihren Schöpfer keine Fragen mehr stellen können.

So wissen wir nicht, ob Meister Perotin von Notre Dame – falls er gelebt hat und falls das Organum »Viderunt omnes« von ihm stammt – musikalisch auf Geschehnisse seiner Zeit reagiert hat. Entsprechende Spekulationen überlasse ich meinen Figuren. Da die Kultur der Katharer restlos getilgt wurde, bleibt als einzige Originalquelle die Historia Albigensis des Pierre des Vaux-de-Cernay, die Schrift der Sieger (Zitat S. 37 unten).

Weitaus mehr Quellen stehen im Fall Beethovens zur Verfügung. Meine Kenntnisse über das Müllersche Wachsfigurenkabinett verdanke ich dem gedruckten Prospekt von 1797 (»Beschreibung der kaiserl. königl. privilegierten … Kunstgalerie zu Wien«) sowie der Arbeit von Gabriele Hatwanger (»Die Lust an der Illusion«, Wien 2008). Über Josephine von Brunsvik, verh. Deym, verh. Stackelberg, haben Autor*innen wie Goldschmidt, Tellenbach, Steblin u.a. geforscht. Die Behauptung, das »Leonore«-Libretto beruhe auf einer wahren Begebenheit, hat der Autor Nicolas Bouilly selbst in die Welt gesetzt, ohne allerdings die Identität seiner Heldin preiszugeben. Wenig populär sind die Werke, die Beethoven während der Kongresszeit schrieb – aus gutem Grund. Mich hat es gereizt, im Jubiläumsjahr 2020 einmal auf diese Facette des Komponisten aufmerksam zu machen: zu zeigen, wie sich der Republikaner Beethoven unter dem Druck der Ereignisse zum staatstragenden Künstler wandelte, dem nach 1815 nur noch die innere Emigration blieb.

Umgekehrt Dvořák: Das Klischee vom böhmischen Vollblutmusiker hält sich hartnäckig; dem gilt es, etwas entgegenzusetzen, und sei es noch so drastisch. Die näheren Umstände des Auftrags von 1898, einen Marsch zum Regierungsjubiläum Franz Josephs I. zu schreiben, sind nicht bekannt und damit ein Einfallstor für die Fantasie des Belletristen. Umso genauer ist dagegen der Lynchmord an Henry Smith dokumentiert. Noch im Jahr 1893 erschien unter dem Titel »The facts in the case of the horrible murder of Little Myrtle Vance« eine Dokumentation oder besser: Rechtfertigung der Täter, die auch auf Fotos nicht verzichtet. Die Umstände der Tat waren so ungewöhnlich, dass sie über Monate in den Vereinigten Staaten diskutiert wurden. Auch Dvořák, der hauptsächlich farbige Schüler und Schülerinnen unterrichtete, muss davon Kenntnis genommen haben. Dass er zeitgleich immer wieder auf die kulturelle Leistung der schwarzen Bevölkerung hinwies, ist ihm meines Erachtens nicht hoch genug anzurechnen. Als Kontrast hierzu habe ich einige Aussagen aus Robert Wilson Shufeldts »The Negro. A Menace to American Civilisation« (Boston 1907) entnommen.

Bei Offenbach schließlich lag es nahe, dessen Bühnenwerke als Hauptquelle zu benutzen. Hatte er doch selbst seine politischste Oper, »Le Roi Carotte« (Uraufführung 1872), just zu dem Zeitpunkt konzipiert, als die Realität sich mal wieder anschickte, jede Vorstellungskraft zu übertrumpfen. Der Ausbruch des Deutsch-Französischen Kriegs wurde für Offenbach zur Zäsur, zu einem Schlag, von dem er sich nie mehr richtig erholen sollte. Daher stammen so gut wie alle bizarren Einfälle aus Werken Offenbachs: »Croquefer« (Zungenlose, Durchfall, Brief ans Publikum), »Orphée aux enfers« (Öffentliche Meinung), »Barkouf« (der Hund als Herrscher) und eben »Le Roi Carotte« (Vesuvausbruch, Ameisenhaufen, leere Rüstungen).

Die Arbeit an diesem Buch wurde durch ein Stipendium des Förderkreises deutscher Schriftsteller in Baden-Württemberg gefördert, wofür ich mich herzlich bedanke.

Marcus Imbsweiler, im Februar 2020

INHALT

www.conte-verlag.de